Der Symbolismus des Tarot. Deutsch - Englisch

Der Symbolismus des Tarot

Tarot als Philosophie des Okkultismus –
gemalt in phantastischen Bildern des Geistes

deutsch und englisch

von P. D. Ouspensky

spireo

Der Symbolismus des Tarot. Deutsch - Englisch
Amazon Printausgabe
1. Auflage

© Berlin
ISBN 13: 978-3-95932-987-3
von P.D. Ouspensky, übersetzt von Henrik Geyer
Umschlaggestaltung: Henrik Geyer
Verlag: Spireo JHGI UG (haftungsbeschränkt)
Blankenburger Chaussee 56
13125 Berlin
www.Spireo.de

Inhaltsverzeichnis

The Sybolism of the Tarot - Philosophy of Occultism 93

Anhang

Der Symbolismus des Tarot

von P. D. Ouspensky

Vorwort des Übersetzers

Pjotr Demjanowitsch Uspenski (*Ouspensky* ist die englische Schreibweise seines russischen Namens) wurde 1878 in Moskau geboren, gestorben ist er 1947 in Lyne Place, England. Er war russischer Exilant in England, als er seine literarischen Hauptwerke „A New Model of the Universe" und „In Search oft he Miracolous" schrieb.

Ouspensky war ein Zeitgenosse von Aleister Crowley (heute bekannt vor allem durch dessen gleichnamiges Tarotspiel), Andre Breton, Sigmund Freud, er war befreundet mit Georges Gurdjeff, dessen „Vierter Weg" vielen Spirituellen heute noch ein Begriff ist. Der Beginn des 19. Jahrhunderts war eine Zeit der Entdeckung der Psyche, des Unbewussten, eines aufflammenden Okkultismus, der Entstehung des Impressionismus und eine Blütezeit des Freimaurertums, dessen Symbol des *allsehenden Auges* seine mystisch-metaphysische Prägung zeigt.

Das Denken Ouspensky's muss man im Zusammenhang mit dieser Zeit verstehen. Ouspensky weihte sein Leben der Suche nach dem „Unbekannten", wie so mancher Zeitgenosse mit ihm. Es geht ihm um jene metaphysische Wunderwelt, die dem normalen Blick selbst am hellen Tag verborgen ist. Gilt dasselbe nicht auch für „das Unbewusste" Sigmund Freuds? Freuds „ES" ist dem Blick ebenfalls verborgen, und man begreift eigentlich nicht, dass es Logik jenseits unserer bewussten Logik gibt, von der wir doch annehmen, es sei die einzige vorhandene Logik, geboren aus dem einzigen hohen Verstand im weiten Weltenrund! Wie denn eigentlich kann es Denken jenseits dessen geben, was wir als *unser* Denken kennen und somit ganz für uns Menschen vereinnahmen?

Gibt es ein Denken jenseits des uns bekannten Denkens – ein nichtmenschliches Denken? Und, wenn ja, wie sieht es aus? Ist es am Menschen interessiert? Ist es uns innerlich wohlgesonnen? Kann man es sich im Äußerlichen als das allsehende Auge vorstellen, oder eher als Geist der in allem ist? Als einen Gott im Himmel, oder einen fleischgewordenen Gott?

Der Mensch - in diesem Fall Ouspensky - sucht nach einem Weg des Begreifens; er will das Unsichtbare sichtbar werden lassen. Er geht von der Überzeugung aus, dass es das Unsichtbare geben müsse. Ganz ähnlich Freud übrigens, der ja ebenfalls davon ausgeht, dass es ein logisches Denken geben muss, von dem wir nichts wissen, obwohl es doch in unseren Köpfen stattfindet – merkwürdig genug! Und Ouspensky ist überzeugt, dass sich Logik, Ahnungen und Erkenntnis in Vielem finden lassen, nicht nur der Wissenschaft herkömmlicher Art. Zum Beispiel im Tarot, diesem uralten Spiel der Weisen – in ihm wohnen ein geistiges System und viele Wahrheiten ungewöhnlichster Art, die uns überraschen und verblüffen. Es sind Assoziationen - es ist Symbolismus. Niemand hat für dieses geistige System, für diese Weisheit in einem Spiel, trefflichere Worte gefunden als Ouspensky.

Wir hören Ouspenskys magische und visionäre Worte, lassen uns gefangen nehmen von Gedanken die ganz weit führen, und abseits unserer Alltagslogik auf einen wahren Kern treffen: unser unbewusstes Selbst. Und damit auf eine Wahrheit, die man nicht sehen kann, wenn man nicht den Mut findet, einen Moment die Augen zu schließen, zu träumen, die Gedanken schweifen zu lassen.

Um Ouspensky's „Symbolismus des Tarot" zu verstehen benötigt man zwei Dinge: erstens Phantasie und zweitens

Neugierde auf die Welten, die hinter der scheinbar so erkennbaren, sichtbaren Welt, liegen. In der umfangreichen Einleitung spricht der Verfasser von einem *Verständnis von Symbolik*, das man haben müsse, um etwas im Tarot zu sehen, das vielen Uneingeweihten völlig verborgen ist.

Es ist wohl die Krankheit unserer Zeit, dass wir die Metaphysik gründlich verdammen und glauben, mit den Siegen die Technik und Wissenschaft erringen seien die Rätsel der Welt entschlüsselt. Dieser Text kann uns eines Besseren belehren – JEDOCH: Wir müssen die Rätselwelt zur Kenntnis nehmen, die direkt vor uns liegt. Wir müssen sehen *wollen*. Wir benötigen *Interesse*.

Als mystische Philosophie betrachtet Ouspensky's „Symbolismus des Tarot" die Archetypen des Geistes – es geht um „den Menschen", der sich uns immer als ein konkreter Mann, als eine konkrete Frau materialisiert – als ein Ich, verschieden und doch gleich dem eigenen Ich. Dieser Mensch ist Magier und Narr zugleich. Er kann ein Eremit sein, der in äußerlicher Abgeschiedenheit und Ruhe die innerliche Belebung des Geistigen findet. Und der nun, für die äußerliche Welt verblüffend, am *hellichten* Tag, mit einer Laterne in der Hand, nach Antworten sucht. Er kann aber auch ein Herrscher sein, der glaubt, die Welt zu meistern, und der sich gerade deshalb täuscht, weil er den äußerlichen Formen vertraut, nicht aber der Magie des Geistigen. Er lässt sich täuschen und nimmt auf diese Weise wieder die Figur des Narren an.

Dieser Mensch kann auch ein Bettler sein, der nichts anderes sucht als nur Weisheit, und der so zum Eremiten und schließlich zum Magier wird.

Mit dem Lesen dieses Buches verschieben sich die Achsen unseres Weltverständnisses. Was man in dem Text finden kann ist natürlich sehr individuell.

Mir blieb ein Abschnitt der Tarotkarte *Die Liebenden* im Gedächtnis: *„... der Mensch glaubt weiterhin an seine Verschiedenheit von der Natur ...“*

In der Tat: Die Menschen, sich gegenseitig informierend, was es gibt und geben kann, sehen die Dinge, als wären die Dinge ganz getrennt von ihnen selbst, und man könne die Dinge verstehen, ohne das *Bewusstsein* als Werkzeug der Weltentstehung zu begreifen. Das ist Materialismus - die Sichtweise unserer Zeit, innerhalb der es möglich ist, dass man zu der merkwürdigen Auffassung gelangen kann, man habe „die Welt“, als Ding außerhalb des Selbst, völlig verstanden. So als wäre da nur eine einzige Auffassung möglich ...

Auch die Worte der Karte *Mäßigkeit* haben eine starke Magie:

„Der eine Kelch in den Händen des Engels ist die Vergangenheit, der andere ist die Zukunft. Der Regenbogenstrom zwischen den Kelchen ist die Gegenwart. Du siehst, dass er in beide Richtungen fließt. Dies ist Zeit in ihrem unverständlichsten Aspekt. Die Menschen meinen, alles würde stets nur in eine Richtung fließen. Sie sehen nicht, dass sich alles ständig trifft und dass die Zeit eine Vielzahl sich drehender Kreise ist. Verstehe dieses Geheimnis, und lerne die gegensätzlichen Strömungen im Regenbogenstrom der Gegenwart zu unterscheiden.“

Die Ouspenskyschen Visionen könnten in einer fernen Zukunft die Normalität des dann vorherrschenden Weltverständnisses sein. Vielleicht wird man Ouspensky's Zeilen in diesen fernen Tagen als frühe Boten eines heraufdämmernden Bewusstseins sehen – das im Heute jedoch völlig unverstanden ist.

In Ouspenskys Symbolismus geht es um den Wechsel der Perspektive und damit um neue Einsichten. Seine Visionen bauen nicht auf der materialistischen Wissenschaft auf, wohl wissend, dass man, die materialistische Brille benutzend, auch nur die materialistischen Formen finden kann. Sondern, seine Logik geht von einer grundlegend anderen Prämisse aus. Man könnte diese Prämisse benennen mit: „Alles ist Geist". Oder: „Nichts ist wirklicher als der Gedanke in dir!"

Um das Geistige geht es. Es geht um die Gravitation des Verstandes; um Symbole, die unsere Gedanken formen können wie Magnete. Symbole sind immer Zeichen, die für vieles stehen können, in Abhängigkeit von der Phantasie desjenigen, der sie sieht. In ihnen wohnt nicht die Eindeutigkeit, die der Materialismus mit seinem Glauben an die eine, die richtige Sichtweise, immer sucht. Es wäre aber ein völliges Missverständnis, die Vieldeutigkeit von Symbolen als „nichtssagend" abzutun, und so ihre umfassende Kraft zur Formung des Verständnisses zu übersehen.

Symbole, das sind eher die **Fundamente** unseres Denkens, etwa so, wie man einen Kirschkern als ein Zeichen für unseren Glauben sehen kann, alles müsse einen festen Kern haben; zuletzt auch das Atom. Albert Einstein sagte einmal, die modernste Wissenschaft, und sei sie noch so fortgeschritten, komme doch immer wieder auf die simpelsten Grundvorstellungen des Menschen zurück ... Und das erklärt, warum wir diese Grundvorstellungen, diese Archetypen des Geistes, untersuchen sollten. Sie sind wahrer und wichtiger als die tausendste Ableitung einer tausendsten Ableitung in der materialistischen Wissenschaft.

Wir müssen die Fundamente unseres Denkens wiederentdecken, um uns selbst verstehen zu können. Und wir können das tun, indem wir Symbole anschauen und sie deuten. Sonst ist es wie mit dem Narren auf der Karte Null: Er führt die allmächtigen Symbole in seinem Beutel zwar mit sich, aber seine Ignoranz macht sie zu einer nutzlosen Last. Verständnis hingegen würde die Symbole mächtig machen, und aus dem Narren würde der Magier werden.

Henrik Geyer, Januar 2018

Einleitung: Was ist Tarot?

Kein Studium der okkulten Philosophie ist möglich, ohne dass man sich mit Symbolismus vertraut macht. Denn, richtig verwendet, meinen Symbolismus und Okkultismus nahezu ein und dasselbe. Symbolismus kann nicht erlernt werden, wie man lernen kann, Brücken zu bauen, oder eine fremde Sprache zu sprechen. Für die Interpretation von Symbolen ist eine bestimmte Art von Denken erforderlich; zusätzlich zu Wissen, spezielle Fertigkeiten, wie die Fähigkeit zu kreativem Denken, und eine entwickelte Vorstellungskraft.

Wer den Gebrauch von Symbolen in der Kunst versteht, versteht im Allgemeinen auch die Bedeutung okkulter Symbolik. Aber sogar dann ist ein spezielles Üben des Verstandes nötig, um die „Sprache der Eingeführten" (gemeint ist: der in diese Kunst Eingeführten, Anm. d. Übers.) zu begreifen, und um in dieser Sprache Intuition auszudrücken, sobald sie entsteht.

Für jene, die die verborgenen Kräfte der Natur und des Menschen verstehen möchten, gibt es viele Methoden, den „Sinn für Symbole" zu entwickeln, und die fundamentalen Prinzipien ebenso wie die Elemente der der esoterischen Sprache zu lehren. Die künstlerischste, und zugleich eine der interessantesten dieser Methoden, ist das Tarot. Äußerlich gesehen ist das Tarot ein Pack Karten, wie man sie im Süden Europas für Wahrsagerei benutzt. Diese Karten sind in Europa seit dem Ende des 14. Jahrhunderts bekannt, als sie unter spanischen Zigeunern verwendet wurden.

Ein Pack Tarot-Karten enthält die 52 normalen Spielkarten, und zusätzlich eine „Bildkarte" zu jeder Farbe, nämlich den Ritter, platziert zwischen König und Page Bube. Diese 56 Karten sind in vier Farben geteilt, zwei schwarze, und zwei rote, und haben die folgenden Karten: Stäbe, Kelche, Schwerter, Münzen (Diamanten). Zusätzlich zu den 56 Karten enthält das Tarot-Pack 22 nummerierte Karten mit speziellen Namen:

Der Magier

Der Gehängte

Die Hohepriesterin

Der Tod

Die Herrscherin

Mäßigkeit

Der Herrscher

Der Teufel

Der Wagen (7)

Der Turm

Die Liebenden

Der Stern

Der Hohepriester (5)

Der Mond

Die Kraft

Die Sonne

Der Eremit

Das Gericht

Das Rad des Schicksals

Die Welt

Die Gerechtigkeit

Der Narr

Dieser Kartensatz repräsentiert der Meinung vieler Forscher zu Folge das ägyptische hieroglyphische Buch der 78 Tafeln, die auf wundersamem Wege zu uns kamen.

Die Geschichte des Tarot ist eine großes Rätsel. Während des Mittelalters, als das Tarot zum ersten Mal auftritt, existierte eine Tendenz phantasievolle symbolische oder logische Systeme zu erschaffen, etwa der Art wie die Ars Magna von Raimundus Lullus[1]. Erzeugnisse ähnlich dem Tarot existieren in Indien und China, so dass wir nicht wirklich davon ausgehen können, es sei eines dieser im Mittelalter in Europa entstanden Systeme; es ist außerdem nachweisbar verbunden mit den antiken Mysterien und den ägyptischen Initiationsriten. Wenn auch sein Ursprung in Vergessenheit geraten ist und das Ziel des Autors oder der Autoren unbekannt, gibt es doch keinen Zweifel, dass es der vollkommenste Schlüssel zum hermetischen[2] Symbolismus ist, den wir haben.

Obwohl es sich wie ein Kartenspiel zeigt, ist Tarot etwas gänzlich anderes. Es kann auf verschiedenste Weise gelesen' werden.

---

[1] Raimundus Lullus, mallorquinischer Philosoph, Logiker und franziskanischer Theologe, geb. 1232, gest. 1316

[2] Hermetik: In der Antike entstandene Offenbarungs- und Geheimlehre, dem sagenhaften Hermes Trismegistos zugeordnet. Hermes Trismegistos ist die verkörperte geistige Vereinigung des Gottes Hermes und des ägyptischen Gottes Thot zu einem Dritten (Hermes Trismegistos – griech: Dreifach größter Hermes)

Zunächst möchte ich eine metaphysische Interpretation der Bedeutung, oder des allgemeinen Inhaltes des Buches vom Tarot geben, also, seines metaphysischen Titels, der doch zeigt, dass dieses Werk nicht von schreibunkundigen Zigeunern des 14. Jahrhunderts erschaffen worden sein kann.

Das Tarot zerfällt in drei Teile: Der erste Teil hat 21 nummerierte Karten; der zweite Teil hat eine Karte, die 0; der dritte Teil hat 56 Karten, d.h., vier Farben mit jeweils 14 Karten. Außerdem scheint der zweite Teil eine Verbindung zwischen dem ersten und dem dritten Teil zu sein, da die 56 Karten des dritten Teils gemeinhin als in der Summe 0 ergebend angesehen werden.

Wenn wir uns nun 21 Karten in der Form eines Dreiecks ausgelegt vorstellen, 7 Karten an jeder Seite, ein Punkt in der Mitte des Dreiecks, repräsentiert von der Null-Karte, sowie ein Quadrat um das Dreieck herum (das Quadrat bestehend aus 56 Karten, 14 auf jeder Seite), dann haben wir eine Vorstellung der Relation zwischen Gott, Mensch und Universum; oder dem Verhältnis zwischen der Welt der Ideen, dem menschlichen Bewusstsein und der physischen Welt.

Das Dreieck ist Gott (die Dreifaltigkeit bzw. Trinität) oder auch die Welt der Ideen, oder auch die noumenale Welt[3]. Der Punkt ist die Seele des Menschen. Das Quadrat ist die sichtbare, physische Welt, die Welt der Phänomene.

Der Punkt ist potentiell gleich dem Quadrat, das heißt, dass die ganze sichtbare Welt in des Menschen Bewusstsein enthalten ist, bzw. in seiner Seele erschaffen wird. Und die Seele selbst ist ein Punkt ohne Ausdehnung in der Welt des Geistigen, die durch das Dreieck symbolisiert ist. Es ist klar, dass eine solche Idee nicht aus

---

[3] Die noumenale Welt, siehe Noumenon ... die Welt der Dinge, die durch Denken „da" sind, aber nicht im Außen gesehen werden können.

ungebildeten Menschen hervorgegangen sein kann, und auch klar, dass Tarot mehr ist, als ein Kartensatz zum Spielen oder Wahrsagen.

H.P.Blavatsky[4] erwähnt das Tarot in ihren Arbeiten, und wir nehmen mit einiger Berechtigung an, dass sie das Tarot studierte. Ihre Vorliebe für Patiencen ist bekannt. Wir wissen nicht, was sie in den Karten las, als sie das Spiel spielte, aber dem Autor wurde berichtet, dass Madame Blavatsky lange Zeit und sehr nachhaltig nach einem Manuskript über das Tarot suchte.

Um sich mit dem Tarot vertraut zu machen ist es nötig die fundamentalen Ideen der Kabbala und der Alchemie zu verstehen. Denn es repräsentiert, wie sehr viele Kommentatoren glauben, eine Zusammenfassung der hermetischen Wissenschaften – der Kabbala, Alchemie, Astrologie, Magie, mit ihren jeweiligen Unterarten. All diese Wissenschaften, die man Hermes Trismegistos zuschreibt, repräsentieren in Wirklichkeit ein System sehr breiter und tiefgehender psychologischer Forschung der Natur des Menschen in seinem Verhältnis zur Welt der Noumena (Gott, Welt des Geistes) und ebenso der Welt der Phänomene (die sichtbare, physische Welt).

Die Buchstaben des hebräische Alphabets und die vielen Allegorien der Kabbala; die Namen der Metalle, der Säuren und Salze in der Alchemie; die Planetennamen und Konstellationen in der Astrologie; die guten und die bösen Geister in der Magie – all dies sind nur Mittel um die Wahrheit vor Nicht-Initiierten[5] zu verbergen.

---

[4] H.P.Blavatsky: Helena Petrovna Blavatsky, zeitgenössische bekannte amerikanische Okkultistin deutsch-russischer Herkunft, geb. 1831, gest. 1891 in London. An dieser Stelle wird sie vermutlich erwähnt, weil sie eine wichtige Persönlichkeit der okkultistischen Szene der Zeit war, und der Autor die enge Verbindung zwischen Okkultismus und Tarot darlegen möchte
[5] nicht Initiierte: nicht Eingeweihte

Aber, wenn der wahre Alchimist davon sprach, nach Gold zu suchen, sprach er von Gold in der Seele des Menschen. Und er nannte Gold das, was im Neuen Testament das Königreich des Himmels genannt wird, und was im Buddhismus Nirvana heißt. Und wenn der wahre Astrologe von Planetenkonstellationen sprach, dann sprach er von Konstellationen und Planeten in der Seele des Menschen, d.h., von den Eigenschaften der menschlichen Seele und ihren Verbindungen zu Gott und zur Welt. Und wenn der wahre Kabbalist von Gottes Namen sprach, dann suchte er diesen Namen in der Seele des Menschen und in der Natur, nicht in toten Büchern und auch nicht in biblischen Texten, so, wie es die Kabbalisten-Scholastiker[6] getan hatten. Die Kabbala, Alchemie, Astrologie und Magie sind parallele symbolische Systeme der Psychologie und Metaphysik.

Jeder alchemistische Satz kann in einem kabbalistischen oder astrologischen Sinn verstanden werden, aber die Bedeutung ist immer eine psychologische und metaphysische.

Wir alle sind umgeben von einer Mauer aus Wahrnehmungen der Welt, und sind unfähig, über diese Mauer auf die wirkliche Welt zu schauen. Die Kabbala ist der Versuch, diesen magischen Kreis zu durchbrechen. Sie untersucht die Welt wie sie ist, die Welt in sich selbst.

Die Welt in sich selbst, wie die Kabbalisten sie sehen, besteht aus vier Elementen, oder vier Prinzipien, aus denen Eins wird. Diese vier Prinzipien werden durch die vier Buchstaben des Namen Gottes, Jehovah, gebildet. Die

---

[6] Scholastiker: Gelehrte, die aus dem Studium der Heiligen Schrift alle wissenschaftliche Erkenntnis ziehen wollten, was der mittelalterlichen Vorstellung entsprach, dass alles göttliche Wissen, und damit alles wichtige Wissen, in der Bibel schon enthalten sei

der Kabbala zugrundeliegende Idee ist es, den Namen Gottes in allen Manifestationen zu finden.

Das Wort Jehovah wird im Hebräischen durch vier Buchstaben gebildet, Yod, He, Vau und He – I.H.V.H.. Diesen vier Buchstaben kommt die tiefste symbolische Bedeutung zu. Der erste Buchstabe drückt das aktive Prinzip aus, den Beginn des ersten Grundes, Bewegung, Energie, Ich; der zweite Buchstabe drückt das passive Element aus: Beharrungsvermögen, Stille, Frieden, nicht Ich; der dritte Buchstabe ist die Verbindung der Gegensätze, die Form; und der vierte ist das Ergebnis, oder die latente[7] Energie.

Die Kabbalisten sind sich sicher, dass alle Phänomene aus diesen vier Prinzipien bestehen, d.h., dass jedes Objekt und jedes Phänomen aus dem Namen Gottes besteht (Das Wort) – Logos.

Das Studium seines Namens (oder des Vier-Buchstaben-Wortes, des griechischen Tetragrammaton) und dessen Finden in allem bringt das zentrale Problem der kabbalistischen Philosophie hervor. Um es anders zu sagen: die Kabbalisten glauben, dass diese vier Prinzipien alles durchdringen und alles hervorbringen.

Wenn der Mensch diese vier Prinzipien in den Dingen und Phänomenen ganz verschiedener Art findet, bei denen er vorher keinerlei Gleichheit oder Zusammengehörigkeit festgestellt hatte, beginnt er Analogien zwischen diesen Phänomenen zu sehen. Und, nach und nach, wird er davon überzeugt, dass sich die Welt gemäß einem einzigen Gesetz formt, entsprechend einem einzigen Plan. Der Reichtum und das Wachstum des Geistes des Kabbalisten besteht aus seiner sich ausweitenden Fähigkeit, Analogien zu finden.

---

[7] Latent: ruhend, schlafend

Daher ist das Studium des Gesetzes der vier Buchstaben, oder des Namens Jehovahs, ein mächtiges Werkzeug der geistigen Erweiterung.

Diese Vorstellung ist ganz klar, denn, wenn der Name Gottes wirklich in allem ist (wenn Gott in allem ist), muss alles auch analog zu allem sein – das kleinste Teilchen analog zum Ganzen, das Staubkorn analog zum Universum und analog zu Gott. Der Name Gottes, das Wort oder Logos, ist die Quelle der Welt.

Logos bedeutet auch: Verstand; das Wort ist das Logos, der Verstand in allem. Es gibt eine vollständige Verbindung zwischen der Kabbala und der Alchemie und der Magie. In der Alchemie werden die vier Elemente, die die Welt bilden, Feuer, Wasser, Luft und Erde genannt. Sie entsprechen in ihrer Bedeutung voll und ganz den kabbalistischen Buchstaben. In der Magie werden sie ausgedrückt durch die vier Arten des Geistes: Elfen (oder Feuergeister: Salamander), Wassergeister, Nymphen und Gnomen.

Das Tarot wiederum ist der Kabbala sehr ähnlich, der Alchemie und der Magie, und schließt sie in sich ein.

Ähnlich den vier ersten Prinzipien oder den vier Buchstaben des Namens Gottes, oder den vier alchemistischen Elementen, oder den vier Arten des Geistes in der Magie, hat das Tarot vier Farben – die Stäbe sind Feuer (oder Salamander); die Kelche sind Wasser oder Wassergeister; die Schwerter sind Luft oder Nymphen; und die Münzen (Pentakel) sind Erde oder Gnomen.

Außerdem hat der König in jeder Farbe die Bedeutung des ersten Prinzips: Feuer; die Königin – das zweite Prinzip oder Wasser; der Ritter – das dritte Prinzip oder Luft; und der Page (Knappe) – das vierte Prinzip oder Erde.

Weiterhin hat das Ass die Bedeutung von Feuer; die Zwei Wasser; die Drei Luft; die Vier Erde. Weiterhin ist die Vier das erste Prinzip, die Fünf das zweite Prinzip, etc..

Betrachtet man die Farben, kann man hinzusetzen, dass die schwarzen Sätze (Stäbe und Schwerter) Aktivität und Energie ausdrücken, Initiative und die subjektive Seite des Bewusstseins; und die roten Sätze (Kelche und Münzen) drücken Passivität aus, Trägheit und die objektive Seite des Bewusstseins.

Außerdem bedeuten die ersten beiden Farben oder Sätze (Stäbe[8] und Kelche) „gut" und die anderen beiden (Schwerter und Münzen) bedeuten „böse".

So hat jede der 56 Karten, unabhängig von seiner Zahl, die Bedeutung von Aktivität oder Passivität, von gut oder böse, ausgehend vom menschlichen Willen oder nicht von diesem Willen ausgehend. Und die Bedeutung jeder Karte liegt außerdem in ihren vielfältigen Beziehungen mit den Farben und Nummern in ihren symbolischen Bedeutungen. Die 56 Karten als Ganzes repräsentieren sozusagen ein vollständiges Abbild aller Möglichkeiten des menschlichen Bewusstseins. Und das macht Tarot zu einem nützlichen Werkzeug für Wahrsagerei. So, die Kabbala enthaltend, und auch Astrologie, Alchemie und Magie, macht es Tarot möglich, nach Gold zu suchen, Geister zu beschwören und Horoskope zu erstellen, einfach durch das Kartenset, ohne die komplizierten Utensilien und Zeremonien des Alchemisten, des Astrologen oder des Magiers.

Doch das Hauptinteresse des Tarot sind die 21 nummerierten Karten. Diese Karten haben

---

[8] Die Stäbe heißen auf Englisch, das in diesem Fall der wirklichen Bedeutung näher sein mag, „ceptres", also Zepter. Die Münzen heißen auf Englisch „pentacles", also Pentakel, fünfeckige Sterne

numerologische Bedeutung und eine sehr spezielle symbolische Signifikanz.

Die Tarot-Literatur hat meist das Verständnis der symbolischen Gestaltung der 21 Karten im Blick. Viele Autoren zum Thema Okkultismus bauen ihre Arbeit auf dem Tarot auf. Doch das merkt man oft nicht, denn das Tarot wird in diesen Arbeiten kaum erwähnt. Oswald Wirth spricht in seinem Essay von einem Herkommen des Tarot aus dem Astronomischen Tarot: „Gemäß Christian[9] entsprechen die 21 Arkana[10] hieroglyphischen Gemälden, die zwischen den Säulen einer Gallerie gefunden wurden, die der Neophyte[11] während der ägyptischen Initiationen zu durchqueren hatte. Es gab zwölf Säulen im Norden und dieselbe Anzahl im Süden, das bedeutet, es gab elf symbolische Bilder auf beiden Seiten. Diese Bilder wurden nacheinander dem Kandidaten auf Initiation erklärt, und sie enthielten die Gesetze und Prinzipien der Initiation. Diese Ansicht wird bestätigt durch den Zusammenhang zwischen den Arkana, wenn sie in der Reihenfolge aneinandergelegt werden.“

In der Galerie des Tempels waren die Bilder in Paaren angeordnet, eins gegenüber dem anderen, so dass das letzte Bild gegenüber dem ersten lag, das vorletzte gegenüber dem zweiten, u.s.w.. Wenn die Karten so angeordnet werden, finden wir einen hochinteressanten und tiefsinnigen Hinweis. Auf diesem Wege findet der Geist die Ganzheit in der Vielfalt, und wird vom Dualismus zum Monismus geführt, was man auch die Unifizierung des Dualen nennen könnte.

---

9 * 'Histoire de la Magie'
10 Große Arcana: die großen Geheimnisse; die 21 nummerierten Karten - heute zählt man auch die Null (Der Narr) dazu
11 Neophyte: Anwärter, der in eine religiöse Gemeinschaft aufgenommen werden will

Eine Karte erklärt die andere und jedes Paar zeigt außerdem, dass sie sich nur gemeinsam erklären, jedoch nichts bedeuten, wenn man sie einzeln betrachtet.

So zum Beispiel ergeben zum Beispiel die Karten 10 und 13 („Rad des Lebens" / „Rad des Schicksals" / „Leben" … und „Tod") gewissermaßen ein Ganzes oder einen Zusammenhang, den wir nicht durch einen gewöhnlichen, unperfekten Prozess des geistigen Schließens erlangen können. Wir denken an Leben und Tod als zwei Gegensätze, die einander ausschließen, aber, dächten wir weiter, stellten wir fest, dass das eine von dem anderen abhängt, und keins davon könnte einzeln in die Welt kommen.

Ein Symbol kann dazu dienen, Intuitionen zu verwandeln und neue Intuitionen hervorzubringen, solange die Bedeutung nicht völlig klar ist. Echte Symbole sind ständig im Wandel und im Entstehen, aber wenn sie eine endgültige Bedeutung erlangen, werden sie zu Hieroglyphen[12] und schließlich zu einem Alphabet. Als solche drücken sie einfache Konzeptionen aus, hören auf die Sprache von Göttern zu sein oder von Initiierten, und werden eine Sprache der Menschen die jeder lernen und verstehen kann.

Genauer gesagt ist ein Symbol im Okkultismus das gleiche wie in der Kunst. Wenn ein Künstler fertige Symbole für seine Arbeit verwendet, dann wird diese Arbeit keine wirkliche Kunst sein, sondern lediglich Pseudo-Kunst. Wenn ein Okkultist anfängt fertige Symbole zu verwenden, dann wird sein Werk nicht wirklich okkult sein, denn es enthält keine Esoterik, keine Mystik, sondern nur Pseudo-Okkultismus, Pseudo-Esoterik, Pseudo-Mystik.

---

[12] Hieroglyphen: Zeichen, die eine (altertümliche) Bilder-Schrift bilden

Symbolismus, in dem die Symbole endgültige Bedeutung haben, ist Pseudo-Symbolismus.

Dies also klar vor Augen habend, sah der Autor den Schlüssel zum Tarot in der Phantasie und Vorstellungskraft, und entschied, die Karten neu zu deuten, sie in Bildern neu zu beschreiben, und die Symbole neu zu deuten, nicht durch Analyse, sondern durch Synthese.

Der Leser findet in den folgenden kleinen „Textbildern" die Gedanken vieler Autoren die das Tarot beschrieben, wie z.B. St. Martin, Eliphas Levi, Dr. Papus, etc., und vielen anderen Autoren die sicherlich niemals an das Tarot dachten, wie z.B. Plotinus, Gichtel (17. Jhd.), Friedrich Nietzsche, M. Collins, etc., die jeweils zu denselben fundamentalen Prinzipien kamen wie die unbekannten Autoren des Tarot.

Die Beschreibungen der Arkana in den „Textbildern" sind oftmals ein vollständig subjektiv. Zum Beispiel, die von Karte 18 (Der Mond). Der Autor ist dem Denken nicht abgeneigt, dass ein anderer Mensch die gleichen Symbole ganz anders versteht, zumindest hält er es für absolut möglich.

Jeder, der an philosophischen Fragen interessiert ist könnte fragen „Was nun ist Tarot eigentlich? Ist es eine Lehre oder eher eine Methode? Ist es ein eindeutiges System oder eher ein Alphabet, durch das jedes System neu formiert wird? Kurz gesagt, ist es ein Buch das spezielle Lehren enthält, oder ist es eher ein Apparat, eine Maschine, die alles erschaffen kann, sogar ein neues Universum?"

Der Autor glaubt, dass Tarot für beide Zwecke genutzt werden kann, wenn auch, genau besehen, ein Buch, dessen Inhalt man wahlweise vorwärts oder rückwärts lesen kann so wie das Tarot, eigentlich nicht völlig eindeutig genannt werden kann. Doch vielleicht finden wir gerade in der Variabilität des Tarot und der Komplexität seiner Philosophie das eindeutige Element. Die Tatsache, dass wir danach fragen, ob Tarot eine Methode oder eine Lehre zeigt die Begrenztheit unseres dreidimensionalen Denkens, das sich nicht über die Welt der Formen und seine Gegensätze erheben kann, und sich nicht von These- und Antithese-Denken lösen kann. Ja, das Tarot beinhaltet jede Lehre, die in unserem Bewusstsein gefunden werden kann, und in diesem Sinn hat es Eindeutigkeit. Es verkörpert die Natur in all ihrem Reichtum und ihren unbegrenzten Möglichkeiten; und im Tarot, wie in der Natur, gibt es alle Deutungsmöglichkeiten. Und diese Deutungsmöglichkeiten sind fließend und wechselhaft, so dass das Tarot nicht eindeutig dies oder jenes sein kann, denn es bewegt sich ständig und ist doch immer gleich.

In den folgenden Textvisionen, die die großen Arkana beschreiben, werden die Karten zu Paaren zusammengefasst: 1 und 0, 2 und 21, 3 und 20, etc.. In jedem Paar komplettiert eine Karte den Sinn der anderen Karte, so dass aus Zweien Eins wird.

Karte 1: Der Magier

Mann. Supermann. Der Initiierte. Der Okkultist. Höheres Bewusstsein. Menschliches Bewusstsein. Der kabbalistische Adam Kadmon. Menschheit. Homo Sapiens.

Karte 2: Die Hohepriesterin

Okkultismus. Esoterik. Mystik. Theosophie. Initiation. Isis. Geheimnis.

Karte 3: Die Herrscherin

Die Natur in ihrem sichtbaren Aspekt. Die sich immer erneuernde und neu erschaffende Naturkraft. Die objektive Realität.

Karte 4: Der Herrscher

Tetragrammaton. Das Gesetz der Vier. Die schlafende Energie der Natur. Logos in all seinen Aspekten mit allen Möglichkeiten des sich erneuernden Logos. Die hermetische Philosophie

Karte 5: Der Wagen. Mensch

Die Vorstellungskraft (Phantasie). Magie. Selbstsuggestion. Selbstbetrug. Künstliche Mittel um etwas zu erreichen. Pseudo-Okkultismus. Pseudo-Theosophie.

Karte 6: Die Liebenden

Mensch. Ein weiterer Aspekt des Adam Kadmon, der perfekte Mensch. Die göttliche Zweigeschlechtlichkeit. Liebe als das Bemühen des Adam Kadmon, sich selbst zu finden. Der Ausgleich der Unterschiede. Die Unifizierung des Dualen, als Mittel in das (göttliche) Licht zu treten.

Karte 7: Der Hierophant

Mystizismus. Theosophie. Die esoterische Seite aller Religionen.

Karte 8: Stärke

Die Wahre Macht. Stärke der Liebe. Stärke der Vereinigung (die Magische Kette). Stärke des Unendlichen. Okkultismus. Esoterik. Theosophie.

Karte 9: Der Eremit

Mensch. Der Weg der Initiation. Die Wahrheit auf die rechte Weise suchen. Inneres Wissen. Inneres Licht. Innere Macht. Theosophie. Okkultismus.

Karte 10: Das Rad des Schicksals

Das Rad des Lebens. Das Leben als sich ständig ändernd, und doch immer gleich bleibend. Der Kreislauf der Zeit und der vier Elemente. Die Vorstellung eines Kreises.

Karte 11: Gerechtigkeit

Wahrheit. Wirkliches Wissen. Innere Wahrheit. Okkultismus. Esoterik. Theosophie.

Karte 12: Der Gehängte

Mensch. Die Qual höheren Bewusstseins das an die Begrenzungen des Erdendaseins gebunden ist, von Körper und Vernunft. Superman im einzelnen Menschen.

Karte 13: Tod

Ein anderer Aspekt des Lebens. Verschwinden, um im selben Augenblick zu Erscheinen. Die Vollendung des Kreises.

Karte 14: Mäßigkeit (Zeit)

Das erste (wichtigste) Erlangen des Geheimnisses. Das Arcanum Magnum der Okkultisten. Die vierte Dimension. Der höhere Raum. Das immerwährende Jetzt.

Karte 15: Der Teufel

Mensch. Schwäche. Lüge. Der Niedergang des Menschen in die Verschiedenheit (das Getrennt-Sein), in Hass und Endlichkeit.

Karte 16: Der Turm

Sektierertum. Turmbau zu Babel. Exoterik[13]. Sprachverwirrung. Der Niedergang der Exoterik. Die Macht der Natur, die wahre Ordnung wiederherzustellen, wenn diese vom Menschen gestört wurde.

---

[13] Exoterik: die äußerlichen, sofort erfassbaren Aspekte einer Religion, die aber nicht ihr Wesen sind

Karte 17: Der Stern

Die wahre Sicht auf die Sternenwelt. Das, was man nur in der Ekstase zu sehen vermag. Die Vorstellung der Natur. Wirkliches Wissen. Okkultismus.

Karte 18: Der Mond

Die Sternenwelt, gesehen mit den phantasievollen Mitteln der Magie. Psychische, spiritistische Welt. Schrecken der Nacht. Das wahre Licht des Himmels und die falsche Erscheinung dieses Lichtes von unten. Pseudo-Mystik.

Karte 19: Die Sonne

Das Symbol und die Erscheinung des Tetragrammaton. Erschaffende Macht. Feuer des Lebens.

Karte 20: Gericht

Wiederauferstehung. Der immerwährende Sieg des Lebens über den Tod. Die Kreative Energie der Natur, die sich im Tod zeigt.

Karte 21: Die Welt

Natur. Die Welt, wie sie ist. Natur in ihrem noumenalen Aspekt. Die esoterische Seite der Natur. Das, was durch Esoterik erlernt werden kann. Die innere Realität der Dinge. Das menschliche Bewusstsein im Kreislauf der Zeit, zwischen den vier Elementen.

Karte 0: Der Narr

Mensch. Ein normaler Mensch. Ein einzelner Mensch. Das nicht-initiierte Bewusstsein. Das Ende eines Strahles, dessen Verbindung zur Mitte unbekannt bleibt.

Die 21 Karten können in drei Abteilungen von je 7 Karten von ähnlicher Bedeutung unterteilt werden, wobei die 22. Karte (No 21, Die Welt) als ein Doppel zur No 10 (Rad des Schicksals) außerhalb des Dreiecks zu liegen kommt, oder einen Punkt in dessen Zentrum bildet.

Die drei Sets gehören zu folgenden Abteilungen: das erste Set zu „der Mensch", das zweite zu „Natur" und das dritte zu „höheres Wissen" oder zu „Theosophie im umfänglichsten Sinn".

Das erste Set (Mensch) von sieben Karten umfasst: 1: Der Magier; 0: Der Narr; 5: Der Wagen; 9: Der Eremit; 6: Die Liebenden; 15: Der Teufel; 12: Der Gehängte

Das zweite Set (Natur) von sieben Karten umfasst: 3: Die Herrscherin; 10: Das Rad des Schicksals (Leben); 13: Tod; 14: Mäßigkeit (Zeit); 16: Der Turm; 19: Die Sonne; 20: Gericht

Das dritte Set (Theosophie) von sieben Karten umfasst: 2: Die Hohepriesterin; 4: Der Herrscher; 8: Stärke; 7: Der Hierophant; 11: Gerechtigkeit; 17: Der Stern; 18: Der Mond

Karte 1: Der Magier

Ich sah den Mann.

Seine Gestalt reichte von der Erde zum Himmel, und er war in einen purpurnen Mantel gewandet. Er stand tief in Blattwerk und Blumen und sein Kopf, der das Band des Initiierten trug, schien geheimnisvoll in der Unendlichkeit zu verschwinden.

Vor ihm, auf einem würfelförmigen Altar, befanden sich die vier Symbole der Magie – das Zepter, der Kelch, das Schwert und das Pentakel[14].

Seine rechte Hand deutete auf den Himmel, seine linke auf die Erde.

Unter seinem Mantel trug er eine weiße Tunika, gegürtet mit einer Schlange, die sich selbst am Schwanz auffraß. Sein Gesicht leuchtete in einem ruhigen Glanz, und, als seine Augen die meinen trafen, fühlte ich, dass er in die geheimsten Tiefen meiner Seele schauen konnte. Ich sah mich selbst in ihm, wie in einem Spiegel, und seine Augen schienen durch mich hindurchzusehen.

Und ich hörte eine Stimme:

„Siehe, das ist der Große Magier!

Mit seinen Händen verbindet er Himmel und Erde, und die vier Elemente, die die Welt formen, werden von ihm beherrscht. Die vier Symbole vor ihm sind die vier Buchstaben des Namens Gottes, der Zeichen der vier Elemente, Feuer, Wasser, Luft, Erde."

Ich bebte vor der Tiefe der Mysterien, die ich berührte ...

Die Worte, die ich hörte, schienen vom Magier selbst gesprochen worden zu sein, und es war, als würde er *in mir* sprechen. Ich war verzagt und manchmal fühlte ich, dass da nichts vor mir war, außer blauer Himmel; doch in mir öffnete sich ein Fenster, durch das ich übersinnliche Dinge sehen, und übersinnliche Worte hören konnte.

---

[14] von einem Kreis umschlossenes Pentagramm

DER NARR

Ich sah einen weiteren Mann. Müde und lahm schleppte er sich eine staubige Straße entlang, über eine verlassene Ebene, und unter den brennenden Strahlen der Sonne. Er schaute seitwärts aus närrischen, starrenden Augen. Halb lächelnd, halb ausdruckslos im Gesicht, sah er nicht wohin er ging, denn er war ganz in phantastischen Träumen gefangen, die ständig innerhalb desselben Kreises verliefen.

Seine Narrenkappe hatte er falsch herum aufgesetzt, seine Kleidung war hinten zerrissen; ein wilder Luchs mit glühenden Augen sprang ihn aus einem Versteck hinter einem Felsen heraus an und grub seine Zähne in sein

Fleisch. Er stolperte, fiel fast, aber schleppte sich schließlich weiter, die ganze Zeit einen Beutel nutzloser Dinge bei sich tragend, die er in seiner Dummheit mit sich führte, wohin er auch ging.

Vor ihm, über der Straße, verlief eine Kluft, und ein tiefer Abgrund erwartete den närrischen Wanderer. Plötzlich kroch ein riesiges Krokodil mit geöffnetem Rachen aus der Felsspalte. Und ich hörte die Stimme sagen:

„Siehe! Das ist derselbe Mann." Ich fühlte wie mir die Sinne schwanden.

„Was ist in dem Beutel?", fragte ich, nicht wissend, warum ich fragte. Und nach langem Schweigen antwortete die Stimme: „Die vier magischen Symbole. Das Zepter, der Kelch, das Schwert und das Pentakel. Der Narr führt sie immer mit sich, obwohl er ihre Bedeutung längst vergaß. Dennoch gehören sie zu ihm, auch wenn er mit ihnen nichts mehr anzufangen weiß. Die Symbole haben ihre Macht nicht verloren; sie bewahrt sich in ihnen."

Als ich den ersten Schleier hob und den Außenhof des Tempels der Initiation betrat, sah ich im Halbdunkel den Umriss einer Frau, die auf einem hohen Thron zwischen zwei Säulen des Tempels saß, einer davon weiß, der andere schwarz. Geheimnis entströmte ihr und umgab sie. Heilige Symbole leuchteten auf ihrer Kleidung; auf dem Kopf trug sie eine goldene Tiara mit zwei Halbmonden. Auf ihren Knien hielt sie zwei gekreuzte Schlüssel und ein offenes Buch. Zwischen den zwei Säulen, hinter der Frau, hing ein weiterer Schleier, bestickt mit grünen Blättern und Granatäpfeln.

Und eine Stimme sprach:

„Um den Tempel zu betreten muss man den zweiten Schleier lüften und zwischen den beiden Pfeilern hindurchgehen. Um das zu tun, muss man in den Besitz der Schlüssel gelangen, das Buch lesen und die Symbole verstehen. Wirst du das tun können?"

„Ich würde das gern tun können", sagte ich.

Da wandte mir die Frau ihr Gesicht zu und sah mich ohne zu sprechen an. Und durch mich hindurch fuhr ein Schrecken, geheimnisvoll und durchdringend wie eine goldene Schwingung; Klänge vibrierten in meinem Hirn, eine Flamme war in meinem Herzen, und ich verstand, dass sie zu mir sprach, und mir wortlos sagte:

„Dies ist die Halle der Weisheit. Niemand kann sie enthüllen, niemand kann sie verbergen. Wie eine Blume muss sie in deiner Seele wachsen und blühen. Wenn du die Saat dieser Blume in deinem Herzen säst, lerne zu unterscheiden zwischen wirklich und falsch. Höre nur auf die Stimme, die klanglos ist ... Siehe nur auf das Unsichtbare, und vergiss nicht, dass der Tempel in dir selbst ist, und das Tor und das Geheimnis, und die Initiation[15].

---

[15] Die Erweckung

Eine unerwartete Aussicht bot sich mir. Eine Zirkel, ganz ähnlich einem Kranz, gebunden aus Regenbogen und Blitzen, wirbelte vom Himmel bis zur Erde mit gewaltiger Geschwindigkeit, mich mit seinem Glanz blendend. Und mitten in diesem Licht und diesem Feuer hörte ich Musik und leises Singen, Donnerschläge und das Gebrüll eines Unwetters, das Grollen von fallenden Bergen und Erdstößen.

Der Kreis wirbelte mit einem erschreckenden Lärm, berührte die Sonne und die Erde, und in der Mitte sah ich die nackte, tanzende Figur einer wunderschönen jungen Frau, eingehüllt in Licht und einen durchsichtigen Schal; in der Hand hielt sie einen Zauberstab.

Plötzlich erschienen die vier apokalyptischen Ungeheuer am Rande des Kreises; eines mit dem Gesicht eines Löwen, ein weiteres mit dem Gesicht eines Menschen, das dritte mit dem Antlitz eines Adlers und das vierte mit dem eines Stiers.

Die Vision verschwand so plötzlich, wie sie mir erschienen war. Eine unheimlich Stille umgab mich.

„Was bedeutet das?", fragte ich verwundert.

„Das ist ein Bild der Welt", sagte die Stimme, „aber es kann nur nach dem Betreten des Tempels verstanden werden. Dies ist eine Vision der Welt im Kreis der Zeit, inmitten der vier Prinzipien. Doch du siehst es verschieden, denn du siehst die Welt außerhalb deiner selbst. Lerne, sie in dir zu sehen und wirst das unendliche Wesen verstehen, das sich hinter allen illusorischen Formen verbirgt. Verstehe, dass die Welt die du kennst nur eine von unendlich vielen Sichtweisen ist, und dass die Dinge und die Phänomene eher Hieroglyphen sind, die auf tiefere Ideen hindeuten."

Ich fühlte den Atem des Frühlings, und mit dem Duft von Veilchen und Maiglöckchen hörte ich das zarte Singen von Elfen. Bäche murmelten, die Baumwipfel rauschten, die Gräser flüsterten, unzählige Vögel sangen in Chören, und Bienen summten; überall fühlte ich den Atem der frohen und lebendigen Natur.

Die Sonne schien zärtlich und weich und eine kleine weiße Wolke hing über den Wäldern. Auf einer grünen Wiese auf der Primeln blühten, sah ich die Herrscherin, die auf einem Thron saß, der mit Efeu und Flieder bedeckt war. Ein grüner Kranz schmückte ihr goldenes Haar und über ihrem Kopf schienen zwölf Sterne. Hinter ihr hoben sich zwei schneeweiße Schwingen und in ihrer Hand hielt sie ein Zepter.

Rings herum, unter dem süßen Lächeln der Herrscherin, öffneten Blumen und Knospen ihre taunassen, grünen Blätter. Ihr ganzes Kleid war von ihnen bedeckt, als würde sich jede neu sich öffnende Blume darin spiegeln, oder hätte sich darin eingeprägt, und wäre so ein Teil ihrer Kleidung geworden.

Das Zeichen der Venus, der Göttin der Liebe, war in ihren marmornen Thron eingemeißelt.

„Königin des Lebens," sagte ich, „warum ist es so hell und so freudvoll um dich her? Kennst du nicht den greulichen Herbst, den kalten, weißen Winter? Weißt du nichts von Tod und Friedhöfen mit schwarzen Gräbern, feucht und kalt? Wie kannst du so freudvoll auf die sich öffnenden Blumen lächeln, wenn doch alles dem Tod entgegenstrebt, sogar das, was noch gar nicht geboren ist?"

Als Antwort sah mich die Herrscherin an, immer noch lächelnd, und unter dem Einfluss dieses Lächelns fühlte ich plötzlich, wie sich eine Blume klaren Verständnisses in meinem Herzen öffnete.

Ich sah eine eisige Ebene und am Horizont eine Kette schneebedeckter Berge. Eine Wolke erschien und begann zu wachsen, bis sie ein Viertel des Himmels bedeckte. Zwei feurige Schwingen entfalteten sich plötzlich in der Wolke und ich wusste, dass ich den Boten der Herrscherin erblickt hatte.

Er hob eine Trompete und blies damit kräftige, machtvolle Töne. Die Ebene erbebte unter diesem Klang und von den Bergen rollte das Echo. Eines nach dem anderen öffneten sich Gräber in der Ebene, und ihnen entstiegen Männer und Frauen, Junge und Alte, und Kinder. Sie reckten ihre Arme dem Boten der Herrscherin entgegen, um den Klang seiner Fanfare einzufangen.

Und in diesen Tönen fühlte ich das Lächeln der Herrscherin und in den geöffneten Gräbern sah ich die geöffneten Blumen, deren Duft sich durch die ausgestreckten Arme zu verbreiten schien.

Da verstand ich das Mysterium der Geburt im Tod.

Karte 4: Der Herrscher

Nachdem ich die ersten drei Zahlen erlernt hatte, verstand ich nun das Große Gesetz der Vier – das Alpha und Omega von allem.

Ich sah den Herrscher auf einem hohen Thron, der mit vier Widderköpfen verziert war. Auf seiner Stirn glänzte ein goldener Helm. Sein weißer Bart fiel über einen purpurnen Mantel. In einer Hand hielt er die Erdkugel, das Symbol seines Besitzes, in der anderen ein Zepter in der Form eines ägyptischen Kreuzes – das Zeichen seiner Macht über die Schöpfung.

„Ich bin das Große Gesetz", sagte der Herrscher. „Ich bin der Name Gottes. Die vier Buchstaben seines Namens sind in mir, und ich bin in allem.

Ich bin die vier Prinzipien. Ich bin in den vier Elementen, ich bin in den vier Jahreszeiten. Ich bin in den vier Himmelsrichtungen, ich bin in den vier Zeichen des Tarot.

Ich bin der Beginn: ich bin Handeln, ich bin Vollendung, ich bin Ergebnis.

Für den, der mich zu sehen vermag, gibt es keine Mysterien auf Erden.

Ich bin das große Pentakel.

Wie die Erde sich in Feuer, Wasser und Luft hüllt, so wie der vierte Buchstabe des Namens in sich selbst die ersten drei enthält und selbst zum ersten wird, so umschließt mein Zepter das gesamte Dreieck und trägt in sich die Saat eines neuen Dreiecks.

Ich bin das Logos[16] in seinem umfassenden Aspekt, und der Beginn eines neuen Logos."

Und während der Herrscher sprach, glänzte sein Helm mehr und mehr, und seine goldene Rüstung schien unter seinem Mantel. Ich konnte diesen herrlichen Schein nicht ertragen und senkte meine Augen.

Als ich sie vorsichtig wieder hob, war vor mir ein strahlender Glanz aus lebendigem Feuer und so warf ich mich nieder und erbot dem Feurigen Wort meine Ehrerbietung.

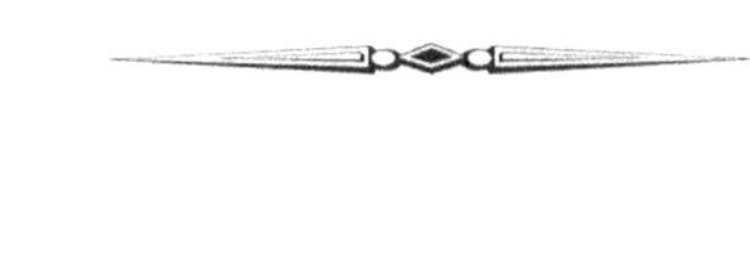

---

[16] Wort

DIE SONNE

Sobald ich die Sonne erblickte, verstand ich, dass sie, in sich selbst, der Ausdruck des Feurigen Wortes ist, und das Zeichen des Herrschers.

Der große Lichtkörper schien mit einer intensiven Hitze auf die goldenen Köpfe der Sonnenblumen.

Und ich sah einen nackten Jungen, dessen Kopf mit Rosen umkränzt war, und der auf einem weißen Ross ritt, ein leuchtend rotes Banner schwenkend.

Ich schloss meine Augen für einen Moment und als ich sie wieder öffnete, sah ich, dass jeder Sonnenstrahl das Zepter des Herrschers ist, und Leben gebiert. Und ich sah, wie sich unter der Bündelung dieser Strahlen die mystischen Blumen der Wasser öffnen und die Strahlen empfangen, und wie die gesamte Natur ständig geboren wird, aus der Vereinigung der beiden Prinzipien.

Ich sah einen Wagen, der von zwei Sphinxen gezogen wurde, eine davon weiß, die andere schwarz. Vier Säulen stützten einen blauen Baldachin, auf dem fünfeckige Sterne verteilt waren. Der Eroberer, gepanzert in einer Rüstung aus Stahl, stand unter dem Baldachin und führte die Sphinxen am Geschirr. Er hielt ein Zepter, an dessen Ende sich eine Kugel befand, ein Dreieck und ein Quadrat. Ein goldenes Pentagramm glitzerte in seiner Krone. Vorn am Wagen befand sich das Symbol einer Kugel mit Schwingen und darunter das Symbol des mystischen Lingam, das die Vereinigung zweier Prinzipien bedeutet.

„Alles in diesem Bild hat eine Bedeutung. Schau, und versuch zu verstehen“, sagte die Stimme. „Dies ist Wille, der sich mit Wissen verbindet. Wir sehen hier, jedenfalls, den Willen zu erreichen eher als das Erreichte. Der Mann im Wagen glaubte ein Eroberer zu sein, bevor er noch wirklich erobert hatte, und er glaubte, der Sieg müsse dem Eroberer gehören. Es gibt wirkliche Aspekte innerhalb dieser wunderbaren Auffassung, aber auch viele falsche. Die Feuer der Illusion und vielfältige Gefahren sind darin verborgen.

Er führt die Sphinxen durch die Macht eines magischen Wortes, aber die Anstrengung seines Willens könnte nachlassen und dann verliert das magische Wort seine Kraft; dann wird er von den Sphinxen gefressen.

Dies ist in der Tat der Eroberer, jedoch nur im Moment; er hat noch nicht die Zeit erobert, und der folgende Moment ist ihm unbekannt.

Dies ist der Eroberer, aber nicht Eroberer durch Liebe, sondern durch Feuer und das Schwert – ein Eroberer, gegen den das Eroberte sich erheben kann. Siehst du hinter ihm die Türme der eroberten Stadt? Vielleicht brennt dort bereits die Flamme des Aufstandes.

Und er ist sich nicht gewahr, dass die Stadt, die durch Feuer und das Schwert besiegt wurde, die Stadt seines eigenen Bewusstseins ist, dass der magische Wagen in ihm selbst ist, und dass die blutdurstigen Sphinxen ebenfalls innerliche Bewusstseinszustände sind, die jede seiner Bewegungen genau beobachten.

Er sieht all diese Seiten seines Verstandes im Außen. Dies ist sein grundlegender Irrtum. Er betrat den Außenhof des Tempels des Wissens, und glaubt, er sei im Tempel selbst gewesen. Er glaubte, die Rituale der ersten Erprobung wären selbst schon die Initiation gewesen, und er verwechselte die Priesterin, die die Tempelschwelle bewacht, mit der Göttin des Tempels. Wegen dieses Irrglaubens erwarten ihn große Gefahren.

Dennoch kann es sein, dass ihn trotz all seiner Missverständnisse und trotz aller Gefahren, die Große Erfahrung erwartet. Er möchte wissen, und vielleicht sind Missverständnis, Gefahr, und sogar Versagen nötig, um das Ziel zu erreichen.

Verstehe, dass er derselbe Mann ist, den du Himmel und Erde vereinigen sahst, und auch der, der durch eine heiße Wüste auf einen Abgrund zuschritt.“

Karte 18: Der Mond

Eine öde Ebene erstreckte sich vor mir. Der Vollmond schaute auf mich, in nachdenklicher Zögerlichkeit. In seinem wallenden Licht lebten die Schatten ihr eigenes, merkwürdiges Leben.

Am Horizont sah ich blaue Berge, und über sie führte ein Pfad, der sich zwischen zwei grauen Türmen hindurchwand, und dann in die weite Ferne. Auf beiden Seiten des Pfades saßen ein Wolf und ein Hund, die den Mond anheulten. Ich erinnerte mich, dass Hunde an Diebe und Geister glauben. Ein großer schwarzer Krebs kroch aus einem Bach ans Ufer. Schwerer, kalter Tau senkte sich.

Schrecken befiel mich. Ich spürte die Gegenwart einer unheimlichen Welt, einer Welt von feindlichen Seelen, von Leichen, die Gräbern entsteigen. Eine Welt von irrlichternden Geistern. In diesem fahlen Mondlicht konnte ich die Gegenwart von Geisterscheinungen spüren; jemand beobachtete mich von jenseits der Türme – und ich wusste, es wäre gefährlich zurückzuschauen.

Ich sah einen blühenden Garten in einem grünen Tal, das umgeben war von sanften, blauen Hügeln. In dem Garten sah ich einen Mann und eine Frau, nackt und wunderschön. Sie liebten einander, und ihre Liebe war ihr Dienst an der Großen Idee, ein Gebet und zugleich ein Opfer. So sprachen sie mit Gott, so auch wurden ihnen die größten Offenbarungen zuteil. In diesem Licht kamen die tiefsten Wahrheiten zu ihnen, die magische Welt öffnete seine Tore; Elfen, Nymphen, Sylphen (Geister der Luft), und Erdgeister traten ihnen offen gegenüber; die drei Königreiche der Natur, der Mineralien, der Pflanzen und

Tiere, und die vier Elemente – Feuer, Wasser, Luft und Erde – dienten ihnen.

Durch die Liebe erkannten sie das Mysterium des Ausgleiches in der Welt, und dass sie selbst Symbol und Ausdruck dieses Gleichgewichtes waren. Zwei Dreiecke verbanden sich in ihnen zu einem sechseckigen Stern. Zwei Magnete verschmolzen zu einer Ellipse. Sie waren zwei. Das Dritte war die unbekannte Zukunft. Die Drei ergaben Eins.

Ich sah die Frau in die Natur hinausschauen, wie hingerissen von ihrer Schönheit. Und von dem Baum, auf dem goldene Früchte reiften, sah ich eine Schlange herabkriechen. Sie flüsterte in das Ohr der Frau, und ich sah, dass sie zuhörte, zuerst argwöhnisch lächelnd, dann mit Neugier, die zu Freude wurde. Dann sah ich sie zu dem Mann sprechen. Ich sah, dass er sie anbetete und sie mit einem Ausdruck der Freude und der Sympathie anlächelte, bei allem was sie sagte.

„Das Bild, das du siehst, ist ein Bild der Versuchung und des Untergangs", sagte die Stimme. „Welche Kraft bringt dieses Fallen hervor? Verstehst du seine Natur?"

„Das Leben ist so gut", sagte ich, „und die Welt so wunderschön, und dieser Mann und diese Frau wollten an die Realität der Welt, und ihrer selbst, glauben. Sie wollten Dienst und Demut vergessen und von der Welt nehmen, was sie geben kann. So begannen sie zu unterscheiden zwischen sich selbst und der Welt. Sie sagten: ‚Wir sind hier – und dort ist die Welt.' Und so trennte sich die Welt von ihnen, und wurde feindlich."

„Ja", sagte die Stimme, „das ist wahr. Das ewige Missverständnis des Menschen ist es, dass er das Fallen in der Liebe sieht, das Der-Liebe-Verfallen. Aber Liebe ist kein Fallen, sondern ein Schweben über einem Abgrund.

Und je höher das Schweben, je schöner und verführerischer wird die Welt. Doch das Wissen, das auf der Erde kriecht, rät zu Glauben an die Erde und an die Gegenwart. Dies ist die Versuchung. Und der Mann und die Frau gaben sich dem hin. Sie fielen aus dem zeitlosen Reich und begaben sich in das Reich der Zeit und des Sterbens. Der Ausgleich war gestört. Das Märchenland verschloss sich ihnen. Die Elfen, Nymphen, Sylphen und Erdgeister wurden unsichtbar.

Das Gesicht Gottes hörte auf, sich ihnen zu zeigen, und alle Dinge erschienen wie verkehrt. Dieser Fall, die erste Sünde des Menschen, wiederholt sich ständig, denn der Mensch glaubt weiterhin an seine Verschiedenheit von der Natur; und glaubt weiter an die Gegenwart. Nur durch großes Leiden kann er sich selbst aus der Kontrolle der Zeit befreien, und zurückkehren in die Ewigkeit - die Dunkelheit verlassen und zurückkehren in das Licht."

Ein seltsames Gefühl ergriff mich. Ein feuriges Beben rann in Wellen durch meinen Körper. Mein Herz beschleunigte seinen Schlag, Unruhe ergriff meinen Geist.

Ich fühlte, dass ich von unheilvollen Geheimnissen umringt war.

Augenblicklich drangen Lanzen aus Licht in mein Sein und erleuchteten manches, was vorher im Dunkel gelegen hatte, und dessen Existenz ich nicht einmal geahnt hätte. Schleier hoben sich, derer ich mir vorher nicht bewusst gewesen war. Stimmen sprachen zu mir.

Und plötzlich bekam all mein vorheriges Wissen eine neue und andere Bedeutung. Ich entdeckte unerwartete Verbindungen in Dingen, von denen ich vorher angenommen hatte, das Eine habe mit dem Anderen nichts zu tun. Objekte, entfernt und verschieden voneinander erschienen nun einander nah und ähnlich. Die Tatsachen der Welt ordneten sich vor meinen Augen neu, gemäß einem neuen Muster.

Am Himmel erschien ein riesiger Stern, umgeben von sieben kleineren Sternen. Ihre Strahlen vermischten sich, erfüllten den Raum mit unermesslichem Strahlen und Glanz. Da wusste ich, dass ich den Himmel sah, so wie Plotin[17] ihn beschrieb: „Wo ... alle Dinge durchsichtig sind, und nichts ist dunkel und fest, sondern alles ist sichtbar für jedermann, innerlich und äußerlich. Denn Licht trifft sich überall mit Licht. Alles enthält in sich alles, und erkennt wiederum jedes in jedem anderen. So dass alle Dinge überall sind, und jedes ist alles. Jedes Ding ist ebenso jedes andere Ding. Und die Herrlichkeit dort ist unendlich. Denn alles dort ist großartig, sogar das, was ganz klein ist.

Auch die Sonne, die dort am Himmel steht, ist jeder Stern, und wiederum jeder Stern ist die Sonne, wie auch jeder andere Stern. In jedem herrscht eine bestimmte Eigenschaft vor, und zugleich sind alle Dinge in allen erkennbar.

Ebenso ist dort die Bewegung völlig rein, denn Bewegung wird nicht verwechselt mit einem Beweger, der von der Bewegung verschieden wäre.

Die Dauerhaftigkeit erleidet keine Einschränkung seiner Natur, denn sie wird nicht vermischt mit dem Wechselhaften. Und das Wunderschöne dort ist wunderschön, denn es besteht nicht aus Schönheit. Und

---

[17] Plotin, antiker griechischer Philosoph, *205, gestorben 270

dort ist jedes Ding, aber nicht wie in einem fernen Land, denn der Raum von jedem Ding ist selbst das Ding. Und die Dinge sind selbst nicht verschieden von dem Platz, an dem sie sind.

Denn die Dinge sind Geist, der wieder Geist ist … daher besteht in dieser empfindlichen Sphäre nicht eine Sache aus einer anderen, sondern jedes Teil ist für sich. Aber jedes Teil kommt aus dem Ganzen, und ist gleichzeitig das Teil und das Ganze. Denn es erscheint als ein Teil, doch, wer einen scharfen Blick hat, wird es als das Ganze erkennen.

Dort gibt es ebenfalls keine Trägheit der Vorstellung, denn keine noch so große Fülle der Wahrnehmung kann die Intuition schmälern.

Es gibt dort weder eine Leere, die die sichtbare Energie würde einschränken können, würde man die Leere füllen, noch ist dort eine Sache eins, und eine andere Sache ganz anders, so dass die Dinge einander unverträglich werden.

Dort ist das Leben Weisheit, aber eine Weisheit, die nicht durch schlussfolgerndes Denken erzeugt wird, denn das Ganze war immer, und ist, in keiner Weise gestört, so dass es ergründet werden müsste. Denn dies ist die wichtigste Weisheit, und sie kann nicht geschlussfolgert werden.“

Ich verstand, dass all der Glanz hier Denken ist, und die wechselnden Farben sind Gefühl. Und jeder Strahl, wenn wir ihn ansehen, verwandelt sich in Bilder, Symbole, Stimmen und Stimmungen.

Und ich sah, dass es nichts Lebloses hier gab, sondern alles ist Seele, alles ist Leben, alles ist Gefühl und Vorstellung.

Und jenseits des leuchtenden Sterns, am Ufer des blauen Flusses, sah ich eine nackte Maid, jung und wunderschön. Sie kniete mit einem Bein und schüttete Wasser aus zwei

Gefäßen, eines aus Gold und eines aus Silber. Ein kleiner Vogel in einem nahen Busch lüftete seine Schwingen und war bereit zu fliegen.

Für einen Moment verstand ich, dass ich die Seele der Natur vor mir sah.

„Dies ist die Vorstellungskraft der Natur", sagte die Stimme ruhig.

„Die Natur träumt, improvisiert, erschafft Welten. Lerne, deine Vorstellungskraft mit ihrer Vorstellungskraft zu vereinen, und dir wird nichts jemals mehr unmöglich sein. Wende dich ab von der äußerlichen Welt und suche in dir. Dann wirst du das Licht finden.

Doch denke daran, dass du, solange du die Welt nicht verloren hast, du den Himmel nicht finden kannst. Es ist unmöglich, gleichzeitig richtig und falsch zu sehen."

Ich sah den großen Tempelmeister. Er saß auf einem goldenen Thron, der auf einer purpurnen Plattform stand und er trug das Gewand eines Hohepriesters mit einer goldenen Tiara. In der Hand hielt er ein goldenes, achteckiges Kreuz, und zu seinen Füßen lagen zwei gekreuzte Schlüssel. Zwei Initiierte knieten vor ihm, zu ihnen sprach er:

---

[18] Der Hierophant ist ein Priester, der die heiligen Geheimnisse des Tempels zeigt

„Sucht den Weg, nicht das Erreichen. Sucht den Weg in euch.

Erwartet nicht die Wahrheit von anderen zu hören, oder sie zu sehen, oder davon in Büchern zu lesen. Sucht nach der Wahrheit in euch, nicht außerhalb von euch.

Strebt nur nach dem Unmöglichen und Unzugänglichen.

Erwartet nur das, was nicht sein kann.

Hofft nicht auf mich, sucht nicht nach mir, glaubt nicht, ich sei außerhalb von euch.

Baut einen hohen Turm in eurer Seele, durch den ihr zum Himmel aufsteigen könnt. Glaubt nicht an Wunder außerhalb von euch, sondern erwartet Wunder in euch. Seid vorsichtig, wenn ihr einem Geheimnis der Welt glauben sollt, einem Geheimnis, das von Menschen bewahrt wird – denn Schätze, die behütet werden müssen, sind leer. Sucht nicht nach Geheimnissen, die von Menschen verborgen werden können. Sucht das Geheimnis in euch.

Vor allem aber meidet die Türme die gebaut wurden um die Geheimnisse zu bewahren und die einen Himmelszugang über steinerne Stufen gewähren. Vergesst nicht, dass, sobald Menschen einen solchen Turm bauen, sie beginnen, über den Gipfel zu diskutieren.

Der Weg ist in euch selbst, die Wahrheit ist in euch selbst und das Geheimnis ist in euch selbst.“

Ich sah einen hoch aufragenden Turm, der sich von der Erde bis in den Himmel erstreckte; seine golden bekrönte Spitze war schon jenseits der Wolken.

Um ihn herum herrschte finstere Nacht, und Donner grollte.

Plötzlich öffnete sich der Himmel, ein Donnerschlag erschütterte die gesamte Erde, und ein Blitz fuhr oben in den Turm hinein und zerstörte die goldene Krone der Turmspitze. Eine Feuerzunge schoss vom Himmel herab und der gesamte Turm füllte sich mit Feuer und Rauch. Ich sah die Erbauer des Turms von ganz oben herabstürzen.

Und die Stimme sagte: „Der Turmbau wurde von den Schülern des großen Meisters begonnen, um eine ständig mahnende Erinnerung an dessen Lehre zu haben, dass der wahre Turm im der eigenen Seele errichtet werden muss und dass man in einem Turm, den Hände errichten, keine Geheimnisse finden kann, und dass niemand über steinerne Stufen in den Himmel aufsteigen kann.

Der Turm sollte die Menschen davor warnen, diese Lehre zu missachten.

Er sollte als Erinnerung an den inneren Tempel dienen und als Schutz gegen den äußeren; er sollte ein Leuchtturm sein, der vor einem gefährlichen Ort warnt, wo Menschen oft Schiffbruch erlitten und wohin Schiffe niemals fahren sollten.

Doch nach und nach vergaßen die Schüler den wahren Bund mit dem Meister und was der Turm bedeutete, und sie begannen an den Turm aus Stein, den sie errichtet hatten, zu glauben, und begannen andere zu unterrichten, an ihn zu glauben.

Sie begannen zu sagen, dass diesem Turm Macht innewohnt, Geheimnis, und der Geist des Meisters, dass der Turm selbst heilig sei und dass er für den kommenden Meister gebaut worden sei, gemäß seiner Lehre und seinem Willen.

Andere glaubten das nicht, oder verstanden es anders.

Dann begann die Diskussion um die Berechtigung des Turms.

Streit entstand, ‚unser Meister, euer Meister', wurde gesagt, ‚unser Turm, euer Turm'. Und die Schüler verstanden einander nicht mehr. Ihre Zungen wurden zunehmend verwirrt.

Verstehst du die Bedeutung hier? Sie haben begonnen zu glauben, dies sei der Turm des Meisters, den er durch sie errichtet, und dass er errichtet werden muss und errichtet werden kann, um direkt in den Himmel zu führen.

Und du siehst, wie der Himmel antwortete?“

Inmitten einer grünen Ebene, umgeben von blauen Bergen, sah ich eine Frau mit einem Löwen. Gegürtet mit Rosenkränzen, dem Symbol für Unendlichkeit über ihrem Kopf, bedeckte die Frau ruhig und bestimmt das Maul des Löwen, und der Löwe leckte ihr gehorsam die Hand.

„Dies ist ein Bild der Kraft", sagte die Stimme. „Es hat verschiedene Bedeutungen. Zunächst zeigt es die Kraft der Liebe. Liebe allein kann den Zorn besiegen. Hass erzeugt Hass. Erinnere dich, was Zarathustra sagte: ‚Lasst die Menschen frei von Rache sein; dies ist eine Brücke, die hinführt zu höherer Hoffnung; und ist ein Regenbogen am Himmel nach einem langen Sturm.'

Weiterhin zeigt das Bild die Kraft der Einheit. Diese Kränze aus Rosen erinnern an eine magische Kette. Die Einheit der Bedürfnisse, die Einheit der Sehnsüchte erschafft solche Macht, dass jede wilde, unkontrollierte und unbewusste Kraft gebändigt wird.

Sogar zwei Sehnsüchte, wenn sie vereinigt werden, können fast die gesamte Welt erobern.

Das Bild zeigt auch die Kraft der Unendlichkeit, dieser Sphäre der Geheimnisse. Denn ein Bewusstsein, das das Symbol der Unendlichkeit über sich trägt, kennt keine Hindernisse und keinen Widerstand.

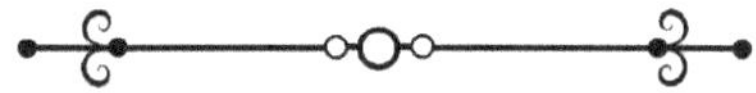

Schwarze, schreckliche Nacht umfing die Erde. Eine unheilvolle rote Flamme brannte in der Ferne. Ich näherte mich einer phantastischen Figur, die sich in Umrissen zeigte, je näher ich ihr kam. Hoch über der Erde erschien das abstoßende rote Gesicht des Teufels, mit großen, haarigen Ohren, einem spitzen Bart und gekrümmten Ziegenhörnern. Ein umgekehrtes Pentagramm zwischen seinen Hörnern und der Stirn schien in phosphoreszierendem Licht. Zwei große, graue, fledermausartige Flügel entfalteten sich in seinem Rücken.

Er hielt einen Arm in die Höhe, und zeigte seine bloße, fette Hand. In der Hand sah ich das Zeichen schwarzer Magie.

Eine brennende Fackel, von der anderen Hand verkehrt herum gehalten, erzeugte schwarzen, stickigen Qualm. Er saß auf einem großen, schwarzen Würfel, an dem er sich mit seinen zotteligen, tierhaften Klauen festhielt.

Ein Mann und eine Frau waren an den Würfel angekettet. Es waren derselbe Mann und dieselbe Frau, die ich im Garten sah, doch nun hatten sie Hörner und Schweife, mit Spitzen aus Feuer. Und sie waren offenbar unzufrieden im Geiste, waren zornig und voller Protest.

„Dies ist ein Bild der Schwäche", sagte die Stimme, „ein Bild der Lüge und des Bösen. Es sind derselbe Mann und dieselbe Frau die du im Garten sahst, aber ihre Liebe hörte auf, Aufopferung zu sein und wurde zur Illusion. Dieser Mann und diese Frau vergaßen, dass ihre Liebe eine Verbindung in der Kette ist, die sie mit der Unendlichkeit verbindet; dass ihre Liebe ein Symbol des Ausgleiches und ein Weg in die Unendlichkeit ist.

Sie vergaßen, dass sie ein Schlüssel zum Tor der magischen Welt ist, und die Fackel, die den höheren Weg beleuchtet. Sie vergaßen, dass Liebe wirklich ist und unsterblich und sie zwangen sie in das Irreale und zeitlich Begrenzte. Und beide machten Liebe zu einem Werkzeug, um den anderen zu unterwerfen.

Dann wurde aus Liebe Streit und band sie mit eisernen Ketten an den schwarzen Kubus der Materie, auf dem Täuschung sitzt."

Und ich hörte die Stimme des Teufels:

„Ich bin das Böse", sagte er, „jedenfalls soweit das Böse überhaupt existieren kann, in dieser besten aller Welten. Um mich zu sehen muss man ungerecht sehen können, falsch und verengt. Ich schließe dieses Dreieck, die beiden anderen Seiten sind Tod und Zeit. Um das Dreieck zu verlassen muss man sehen können, dass es nicht existiert.

Doch *wie* man das macht, das muss nicht ich sagen. Denn ich bin das Böse, von dem, wie die Menschen sagen, alles Böse kommt; das sie als eine Ausrede erfanden, um all das Böse, das sie selbst hervorbringen, zu entschuldigen.

Sie nennen mich den Prinzen der Falschheit, und wahrlich bin ich der Prinz der Lüge, denn ich bin die monströseste aller menschlichen Lügen.“

Karte 9: Der Eremit

Nach langen Wanderungen über eine sandige, wasserlose Wüste in der nur Schlangen lebten, traf ich den Eremiten.

Er war in ein langes Gewand gehüllt, eine Kapuze bedeckte seinen Kopf. Er hielt einen langen Stab in einer Hand, und in der anderen eine leuchtende Laterne, obwohl es heller Tag war und die Sonne schien.

„Die Laterne des Hermes Trismegistos.", sagte die Stimme, „Dies ist höheres Wissen, dieses innere Wissen, das in einem neuen Licht erscheinen lässt, was man doch schon zu wissen glaubte. Diese Laterne erleuchtet die

Vergangenheit, die Gegenwart und die Zukunft für den Eremiten, und öffnet die Seelen der Menschen und die tiefsten Tiefen ihrer Herzen.

Das Gewand des Apollonius ist die Fähigkeit des Weisen sich abzugrenzen, sogar in einer lärmenden Menge; es ist seine Fähigkeit seine Geheimnisse zu verbergen, sogar während er sie verrät; seine Fähigkeit zu Stille, und seine Macht, im Verborgenen zu Handeln.

Der Stab des Patriarchen ist seine innere Autorität, seine Kraft, sein Selbstbewusstsein.

Die Laterne, das Gewand und der Stab sind die drei Symbole der Initiation. Sie werden benötigt, um Seelen sicher an den Versuchungen der illusorischen Feuer vorbei zu geleiten, die entlang des Weges brennen, so dass sie geradewegs auf das höhere Ziel zugehen. Wer die drei Symbole empfängt, oder sie zu erlangen strebt, muss versuchen sich zu bereichern, mit allem, was er nur erlangen kann. Nicht für sich selbst, sondern, wie Gott, um durch die Freude des Gebens zu beglücken.

Die Tugend des Gebens ist die Grundlage des Lebens eines Initiierten. ‚Seine Seele ist verwandelt in einen Verderber aller Schätze.‘, so sagte Zarathustra.

Die Initiation vereint den menschlichen Geist mit dem höheren Geist, durch eine Kette von Analogien. Diese Kette ist die Himmelsleiter, von der der Patriarch träumte.“

Ein Engel in weißem Gewand erschien, zugleich die Erde und den Himmel berührend. Seine Schwingen waren Flammen und ein goldener Strahlenkranz schwebte über seinem Haupt. Auf seiner Brust trug er das heilige Zeichen des Buchs des Tarot – ein Dreieck in einem Quadrat, ein Punkt innerhalb des Dreiecks; auf seiner Stirn das Symbol des Lebens und der Unendlichkeit, der Kreis.

In einer Hand hielt er einen silbernen Kelch, in der anderen einen Kelch aus Gold, und beide verband ein glitzernder Strom, in dem jede Farbe des Regenbogens war. Aber ich wusste nicht, von welchen Kelch aus der Strom in welchen floss.

In Ehrfurcht begriff ich, dass ich mich dem allerletzten Geheimnis, von dem es kein Zurück mehr gibt, nah war. Ich sah den Engel, sah seine Symbole, seine Kelche, den Regenbogenstrom zwischen ihnen – und mein Menschenherz bebte in Furcht und mein menschlicher Verstand wankte in Qual und Unverständnis.

„Ja", sagte die Stimme, „dies ist ein Geheimnis, das sich bei der Initiation offenbart. ‚Initiation' ist einfach, wenn dieses Geheimnisses der Seele offenbart wird. Der Eremit erhält die Laterne, das Gewand und den Stab, so dass er das Licht dieses Geheimnisses ertragen kann.

Doch du kamst wahrscheinlich unvorbereitet. So schaue denn und höre und versuche zu verstehen, denn zu verstehen ist nun deine einzige Rettung. Wer sich dem Mysterium nähert, ohne vollständig zu begreifen, ist verloren.

Der Name des Engels ist Zeit. Der Kreis auf seiner Stirn ist das Symbol der Unendlichkeit und des Lebens. Jedes Leben ist ein Kreis, der zu dem Punkt zurückkehrt, wo es begann. Tod ist die Rückkehr zur Geburt. Und von einem Punkt zu einem anderen auf dem Kreisumfang ist es stets dieselbe Entfernung, denn je mehr man sich dem Punkt von der einen Seite nähert, desto ferner ist man ihm auf der anderen Seite.

Die Unendlichkeit ist eine Schlange die ihren Schwanz verfolgt, ihn jedoch nie einfängt.

Der eine Kelch in den Händen des Engels ist die Vergangenheit, der andere ist die Zukunft. Der Regenbogenstrom zwischen den Kelchen ist die Gegenwart. Du siehst, dass er in beide Richtungen fließt.

Dies ist Zeit in ihrem unverständlichsten Aspekt. Die Menschen meinen, alles würde stets nur in eine Richtung fließen. Sie sehen nicht, dass sich alles ständig trifft und dass die Zeit eine Vielzahl sich drehender Kreise ist. Verstehe dieses Geheimnis, und lerne die gegensätzlichen Strömungen im Regenbogenstrom der Gegenwart zu unterscheiden.

Das Symbol des geheiligten Buches des Tarot auf der Brust des Engels ist das Symbol der Verbindung von Gott, Mensch, und Universum.

Das Dreieck ist Gott, die Welt des Geistes, die Welt der Ideen. Der Punkt innerhalb des Dreiecks ist die Seele des Menschen. Das Quadrat ist die sichtbare Welt.

Das Bewusstsein des Menschen ist der Funke der Göttlichkeit, zu einem Punkt geschrumpft im Dreieck des Geistes. Daher ist das gesamte Quadrat des sichtbaren Universums gleich dem Punkt innerhalb des Dreiecks.

Die Welt des Geistes ist das Dreieck, das zugleich in den einundzwanzig Trumpfkarten des Tarot repräsentiert ist. Das Quadrat repräsentiert Feuer, Luft, Wasser und Erde, und symbolisiert so die Welt.

All dies, als die vier Symbole, sind im Beutel des Narren, der selbst ein Punkt in einem Dreieck ist. Daher enthält ein Punkt ohne Ausdehnung ein unendliches Quadrat.“

Ich ging vor mich hin, tief in Gedanken versunken, und versuchte die Vision des Engels zu verstehen. Und plötzlich, als ich meinen Kopf hob, sah ich mitten am Himmel einen riesigen, sich drehenden Kreis, der mit kabbalistischen Zeichen und Symbolen übersät war. Der Kreis drehte sich mit erschreckender Geschwindigkeit, und um ihn herum, herunterfallend und aufschwebend, drehten sich symbolische Figuren der Schlange und des Hundes, darüber befand sich eine unbewegliche Sphinx.

In Wolken, an den Vier Himmelsecken, sah ich apokalyptische Geschöpfe, eines mit dem Gesicht eines Löwen, ein weiteres mit dem Gesicht eines Engels, das dritte mit dem Gesicht eines Adlers, und das vierte mit dem Gesicht eines Stiers. Und jedes las in einem offenen Buch.

Und ich hörte die Stimmen der Tiere von Zarathustra: „Alles verschwindet, alles erscheint wieder, - das Rad des Lebens dreht sich immer weiter. Alles stirbt, alles erblüht wieder, das Jahr der Existenz ist ewig.

Alles vergeht, alles lebt wieder, es ist dasselbe Haus des Seins, das ich stets baue. Alles Verschiedene trifft sich wieder, der Kreis des Seins ist immer in sich wahr.

Existenz beginnt in jedem Augenblick. Um jedes ‚hier' rollt das ‚dort'.

Die Mitte ist überall. Der Weg der Unendlichkeit ist ein Bogen.“

Ermüdet vom Blinken des Lebensrades sank ich auf die Erde und schloss meine Augen. Doch es schien mir, dass das Rad sich vor mir weiterdrehte, und dass die vier Kreaturen weiterhin in den Wolken saßen und fortfuhren in ihren Büchern zu lesen.

Plötzlich, meine Augen öffnend, sah ich einen riesigen Reiter auf einem weißen Pferd, gerüstet in einem schwarzen Panzer und mit einem schwarzen Helm mit einer schwarzen Feder. Ein Totenkopf sah unter dem Helm hervor. Eine Knochenhand hielt ein großes, schwarzes, langsam wehendes Banner, und in der anderen Hand hielt der Reiter Zügel, die mit Totenschädeln und Knochen verziert waren. Und, wo immer das weiße Pferd ging, folgten Nacht und Tod; Blumen verwelkten, Blätter vertrockneten, die Erde bedeckte sich mit einem weißen Schleier; Friedhöfe erschienen; Türme, Burgen und Städte wurden zerstört.

Könige im vollen Glanz ihres Ruhmes und ihrer Macht; wunderschöne, geliebte und liebende Frauen; hohe Priester von Gott gesandt; unschuldige Kinder – wenn sie das weiße Pferd zu Gesicht bekamen, dann fielen sie vor ihm auf die Knie, streckten ihre Hände in Schrecken und Verzweiflung, und fielen dann um nie mehr aufzustehen.

In der Ferne, hinter zwei Türmen, versank die Sonne.

Eine tödliche Kälte umfing mich. Die schweren Hufe des Pferdes schienen auf meine Brust zu treten, und ich fühlte die Erde in einem Abgrund versinken.

Doch gleichzeitig schien alles Wahrnehmbare, wenn auch nur schwach sichtbar und hörbar, dem gemessenen Schritt des Pferdes zu entstammen. Einen Moment später hörte ich in seinem Schritt die Bewegung des Lebensrades! Eine Erleuchtung ergriff mich, und, dem entweichenden Reiter und der sinkenden Sonne nachschauend, verstand ich, dass der Weg des Lebens aus den Schritten des Pferdes des Todes besteht.

Die Sonne sinkt an einer Stelle und geht an einer anderen auf. Jeder Moment ihrer Bewegung ist ein Verschwinden an einem Punkt und ein Erscheinen an einem anderen Punkt. Ich verstand, dass sie aufgeht während sie untergeht und untergeht, während sie aufgeht, und dass Leben, geboren werdend, stirbt, und sterbend geboren wird.

„Ja", sagte die Stimme. Die Sonne denkt selbst nicht daran, dass sie aufgeht oder untergeht. Was weiß sie von der Erde, von ihrem Kommen und Gehen, so wie es die Menschen sehen? Sie geht ihren eigenen Weg, auf ihrem eigenen Kreis, um einen unbekannten Mittelpunkt herum. Leben, Tod, Aufstieg und Fall – wusstest du nicht, dass all das die Gedanken und Träume und Ängste des Narren sind?"

Karte 11: Gerechtigkeit

Als ich die Schlüssel erlangt hatte, das Buch gelesen hatte und die Symbole verstand, war es mir gestattet, den Vorhang des inneren Tempels zu heben und das Sanktuarium[19] zu betreten. Und dort sah ich eine Frau mit einer goldenen Krone und einem purpurnen Mantel. Sie hielt ein Schwert in einer Hand und eine Waage in der anderen. Ich bebte vor Ehrfurcht als ich sie sah, denn ihr Anblick war tief und geheimnisvoll und schien mich in einen Abgrund zu ziehen.

---

[19] Sanktuarium: Heiligtum, heiliger Ort

„Du siehst Wahrheit", sagte die Stimme. „Mit dieser Waage wird alles bemessen. Dies Schwert ist immer erhoben um die Gerechtigkeit zu verteidigen, und nichts kann ihm entkommen.

Aber warum wendest du deine Augen von der Waage und dem Schwert ab? Sie nehmen die letzten Illusionen. Wie könntest du auf Erden sein, ohne diese Illusionen?

Du wolltest die Wahrheit sehen, und nun siehst du sie. Doch bedenke, was den Sterblichen erwartet, der eine Göttin zu Gesicht bekommt."

Karte 12: Der Gehängte

Und dann sah ich einen Mann in schrecklicher Pein, an einem Baum aufgehängt mit einem Bein, und mit dem Kopf nach unten.

Und ich hörte die Stimme:

„Siehe! Das ist ein Mann der die Wahrheit sah. Leiden erwartet den Erdenmenschen, der den Weg in die Unendlichkeit und in das Verstehen der Endlosigkeit findet.

Er ist immer noch ein Mensch, und doch weiß er viel von dem, was selbst Göttern unzugänglich ist. Und die Unvergleichlichkeit des Kleinen und des Großen in seiner Seele bringt den Schmerz hervor und ist Golgota[20].

In seiner Seele erscheint der Galgen, an dem er leidend hängt. Er selbst wählte diesen Weg. Hierfür wanderte er lange von Prüfung zu Prüfung, von Initiation zu Initiation, durch Versagen und Untergang.

Und nun hat er die Wahrheit gefunden und kennt sich selbst.

Er weiß nun, dass er es ist, der vor einem Altar mit magischen Symbolen steht und von der Erde zum Himmel reicht; dass er ebenso auf einer staubigen Straße unter brennender Sonne geht, auf einen Abgrund zu, in dem ihn ein Krokodil erwartet; dass er sich mit seiner Gefährtin im Paradies befindet, im Schatten eines segnenden Geistes; dass er als Eroberer für einen Moment in einem illusorischen Wagen steht, der von Sphinxen gezogen wird; und dass er mit einer Laterne im hellen Sonnenlicht die Wahrheit in einer Wüste sucht.

Nun hat er sie gefunden.“

20 Der biblische Hügel bei Jerusalem, auf dem Jesus am Kreuz starb. Ein Ort des Leidens

The Symbolism of the Tarot

by P. D. Ouspensky

What is the Tarot?

No study of occult philosophy is possible without an acquaintance with symbolism, for if the words occultism and symbolism are correctly used, they mean almost one and the same thing. Symbolism cannot be learned as one learns to build bridges or speak a foreign language, and for the interpretation of symbols a special cast of mind is necessary; in addition to knowledge, special faculties, the power of creative thought and a developed imagination are required. One who understands the use of symbolism in the arts, knows, in a general way, what is meant by occult symbolism. But even then a special training of the mind is necessary, in order to comprehend the 'language of the Initiates', and to express in this language the intuitions as they arise.

There are many methods for developing the 'sense of symbols' in those who are striving to understand the hidden forces of Nature and Man, and for teaching the fundamental principles as well as the elements of the esoteric language. The most synthetic, and one of the most interesting of these methods, is the Tarot In its exterior form the Tarot is a pack of cards used in the south of Europe for games and fortune-telling.

These cards were first known in Europe at the end of the fourteenth century, when they were in use among the Spanish gypsies.

A pack of Tarot contains the fifty-two ordinary playing cards with the addition of one 'picture card' to every suit, namely, the Knight, placed between the Queen and the Knave. These fifty-six cards are divided into four suits, two black and two red and have the following designation: sceptres (clubs), cups (hearts), swords (spades), and pentacles or disks (diamonds). In addition to the fifty-six cards the pack of Tarot has twenty-two numbered cards with special names:—

1 The Magician.

12 The Hanged Man.

2 The High Priestess.

13 Death.

3 The Empress.

14 Temperance.

4 The Emperor.

15 The Devil.

5 The Chariot. (7).

16 The Tower.

6 The Lovers.

17 The Star.

7 The Hierophant. (5).

18 The Moon.

8 Strength.

19 The Sun.

9 The Hermit.

20 Judgment.

10 The Wheel of Fortune. 21 The World.

11 Justice.

0 The Fool.

This pack of cards, in the opinion of many investi-gators, represents the Egyptian hieroglyphic book of seventy-eight tablets, which came to us almost mira-culously.

The history of the Tarot is a great puzzle. During the Middle Ages, when it first appeared historically, there existed a tendency to build up synthetic symbolical or logical systems of the same sort as Ars Magna by Raymond Lully. But productions similar to the Tarot exist in India and China, so that we cannot possibly think it one of those systems created during the Middle Ages in Europe; it is also evidently connected with the Ancient Mysteries and the Egyptian Initiations. Although its origin is in oblivion and the aim of its author or authors quite unknown, there is no doubt whatever that it is the most complete code of Hermetic symbolism we possess.

Although represented as a pack of cards, the Tarot really is something quite different. It can be 'read' in a variety of ways.

As one instance, I shall give a metaphysical interpretation of the general meaning or of the general content of the book of Tarot, that is to say, its metaphysical title, which will plainly show that this work could not have been invented by illiterate gypsies of the fourteenth century.

The Tarot falls into three divisions: The first part has twenty-one numbered cards; the second part has one card 0; the third part has fifty-six cards, i. e., the four suits of fourteen cards. Moreover, the second part appears to be a link between the first and third parts, since all the fifty-six cards of the third part together are equal to the card 0.

Now, if we imagine twenty-one cards disposed in the shape of a triangle, seven cards on each side, a point in the centre of the triangle represented by the zero card, and a square round the triangle (the square consisting of fifty-six cards, fourteen on each side), we shall have a representation of the relation between God, Man and the Universe, or the relation between the world of ideas, the consciousness of man and the physical world.

The triangle is God (the Trinity) or the world of ideas, or the noumenal world. The point is man's soul. The square is the visible, physical or phenomenal world.

Potentially, the point is equal to the square, which means that all the visible world is contained in man's consciousness, is created in man's soul. And the soul itself is a point having no dimension in the world of the spirit, symbolized by the triangle. It is clear that such an idea could not have originated with ignorant people and clear also that the Tarot is something more than a pack of playing or fortune-telling cards.

H. P. Blavatsky mentions the Tarot in her works, and we have some reason for believing that she studied the Tarot. It is known that she loved to 'play patience'. We do not know what she read in the cards as she played this game, but the author was told that Madame Blavatsky searched persistently and for a long time for a MSS. on the Tarot.

In order to become acquainted with the Tarot, it is necessary to understand the basic ideas of the Kabala and of Alchemy. For it represents, as, indeed, many commentators of the Tarot think, a summary of the Hermetic Sciences—the Kabala, Alchemy, Astrology, Magic, with their different divisions. All these sciences, attributed to Hermes Trismegistus, really represent one system of a very broad and deep psychological investigation of the nature of man in his relation to the world of noumena (God, the world of Spirit) and to the world of phenomena (the visible, physical world). The letters of the Hebrew alphabet and the various allegories of the Kabala, the names of metals, acids and salts in alchemy; of planets and constellations in astrology; of good and evil spirits in magic—all these were only means to veil truth from the uninitiated.

But when the true alchemist spoke of seeking for gold, he spoke of gold in the soul of man. And he called gold that which in the New Testament is called the Kingdom of Heaven, and in Buddhism, Nirvana. And when the true astrologer spoke of constellations and planets he spoke of constellations and planets in the soul of man, i.e., of the qualities of the human soul and its relations to God and to the world. And when the true Kabalist spoke of the Name of God, he sought this Name in the soul of man and in Nature, not in dead books, nor in biblical texts, as did the Kabalist-Scholastics. The Kabala, Alchemy, Astrology, Magic are parallel symbolical systems of psychology and metaphysics.

Any alchemical sentence may be read in a Kabalistic or astrological way, but the meaning will always be psychological and metaphysical.

We are surrounded by a wall built of our conceptions of the world, and are unable to look over this wall at the real world. The Kabala presents an effort to break this 'enchanted circle'. It investigates the world as it is, the world in itself.

The world in itself, as the Kabalists hold, consists of four elements, or the four principles forming One. These four principles are represented by the four letters of the name of Jehovah. The basic idea of the Kabala consists in the study of the Name of God in its manifestation.

Jehovah in Hebrew is spelt by four letters, Yod, He, Vau and He—I. H. V. H. To these four letters is given the deepest symbolical meaning. The first letter expresses the active principle, the beginning or first cause, motion, energy, 'I'; the second letter expresses the passive element, inertia, quietude, 'not I'; the third, the balance of opposites, 'form'; and the fourth, the result or latent energy.

The Kabalists affirm that every phenomenon and every object consists of these four principles, i.e., that every object and every phenomenon consists of the Name of God (The Word),—Logos.

The study of this Name (or the four-lettered word, tetragrammaton, in Greek) and the finding of it in everything constitutes the main problem of Kabalistic philosophy.

To state it in another way the Kabalists hold that these four principles penetrate and create everything.

Therefore, when the man finds these four principles in things and phenomena of quite different categories (where before he had not seen similarity), he begins to see analogy between these phenomena. And, gradually, he becomes convinced that the whole world is built according to one and the same law, on one and the same plan. The richness and growth of his intellect consists in the widening of his faculty for finding analogies.

Therefore the study of the law of the four letters, or the name of Jehovah presents a powerful means for widening consciousness.

This idea is perfectly clear, for if the Name of God be really in all (if God be present in all), all should be analogous to each other—the smallest particle analogous to the whole, the speck of dust analogous to the universe, and all analogous to God. The Name of God, the Word or Logos is the origin of the world. Logos also means Reason; the Word is the Logos, the Reason of everything.

There is a complete correspondence between the Kabala and Alchemy and Magic. In Alchemy the four elements which constitute the real world are called fire, water, air and earth; these fully correspond in significance with the four kabalistic letters. In Magic they are expressed as the four classes of spirits: elves (or salamanders), undines, sylphs and gnomes.

The Tarot in its turn is quite analogous to the Kabala, Alchemy and Magic, and, as it were, includes them.

Corresponding to the four first principles or four letters of the Name of God, or the four alchemistic elements, or the four classes of spirits, the Tarot has four suits— sceptres, cups, swords and pentacles. Thus every suit, every side of the square, equal to the point, represents one of the elements, controls one class of spirits. The sceptres are fire or elves (or salamanders); the cups are water or undines; the swords are air or sylphes; and pentacles, earth or gnomes. Moreover, in every suit the King means the first principle or fire; the Queen—the second principle or water; the Knight—the third principle or air, and the Page (knave)—the fourth principle or earth.

Then again, the ace means fire; the deuce water; the three-spot, air; the four-spot earth. Then again the four-spot is the first principle, the five spot, the second etc.

In regard to the suits, one may add that the black suits (sceptres and swords) express activity and energy, will, initiative and the subjective side of consciousness; and the red (cups and pentacles) express passivity, inertia and the objective side of consciousness.

Then the first two suits (sceptres and cups) signify 'good' and the other two (swords and pentacles) mean 'evil'.

Thus every card of the fifty-six indicates (independently of its number) the presence of the principle of activity or passivity, of 'good' or 'evil', arising either in man's will or from without. And the significance of each card is further deciphered thorough its various combinations with the suits and numbers in their symbolical meaning. The fifty-six cards as a whole represent, as it were, a complete picture of all the possibilities of man's consciousness. And this makes the Tarot adaptable for fortune-telling. Thus, including the Kabala, Astrology, Alchemy and Magic, the Tarot makes it possible to 'seek gold', 'to evoke spirits', and 'to draw horoscopes', simply by means of this pack of cards without the complicated paraphernalia and ceremonies of an alchemist, astrologer or magician.

But the main interest of Tarot is in the twenty-two numbered cards. These cards have numerical meaning and also a very involved symbolical significance.

The literature relating to the Tarot has in view mainly the reading of the symbolical designs of the twenty-two cards. Very many writers on occultism have arranged their works on the plan of the Tarot. But this is not often suspected because the Tarot is rarely mentioned. Oswald Wirth speaks of origin of the Tarot in his Essay upon the Astronomical Tarot.

"According to Christian*, the twenty-two major arcana of the Tarot represent the hieroglyphic paintings which were found in the spaces between the columns of a gallery which the neophyte was obliged to cross in the Egyptian initiations. There were twelve columns to the north and the same number to the south, that is, eleven symbolical pictures on each side. These pictures were explained to the candidate for initiation in regular order, and they contained the rules and principles for the Initiate. This opinion is confirmed by the correspondence which exists between arcana when they are thus arranged." In the gallery of the Temple the pictures were arranged in pairs, one opposite another, so that the last picture was opposite the first, the last but one opposite the second, etc. When the cards are so placed we find a highly interesting and deep suggestion. In this way the mind finds the one in the two, and is led from dualism to monism, which is what we might call the unification of the duad.

One card explains the other and each pair shows moreover that they can be only mutually explanatory and mean nothing when taken separately.

Thus, for instance, the cards 10 and 13 ('Life' and 'Death') signify together a certain whole or complementary condition which we cannot conceive by the ordinary, imperfect mental processes. We think of life and death as two 'opposites', antagonistic one to the * 'Histoire de la Magie'.

other, but, if we thought further, we should see that each depends on the other for existence and neither could come into existence separately.

A symbol may serve to transfer our intuitions and to suggest new ones only so long as its meaning is not defined. Real symbols are perpetually in process of creation; but when they receive a definite significance they become hieroglyphs and finally a mere alphabet. As this they express simply ordinary concepts, cease to be a language of the Gods or of initiates and become a language of men which everyone may learn.

Properly speaking, a symbol in occultism means the same as in art. If an artist uses ready-made symbols his work will not be true art, but only pseudo-art If an occultist begins to use ready-made symbols, his work will not be truly occult, for it will contain no esotericism, no mysticism, but only pseudo-occultism, pseudo-esotericism, pseudo-mysticism. Symbolism in which the symbols have definite meanings is pseudo-symbolism.

Having made this idea clear in his mind, the author found that the key to the Tarot must lie in imagination and he decided to make an effort to re-design the cards, giving descriptive pictures of the Tarot, and to interpret the symbols, not by means of analysis, but by synthesis.

The reader will find in the following little 'pen pictures'

reflections of many authors who wrote on the Tarot as St.

Martin, Eliphas Levi, Dr. Papus etc.

and of other authors who certainly never thought of the Tarot as, for example, Plotinus, Gichtel (XVII century), Friedrich Nietzsche, M. Collins etc., who came neverthe-less to the same fundamental principles as the unknown authors of the Tarot.

Descriptions of the arcanas in these 'pen pictures' often represent a conception which is almost entirely subjective, for instance, that of card 18. And the author likes to think that another might conceive of the same symbols differently, in any case he considers this quite possible.

Any one interested in this philosophical puzzle might well ask, What then is the Tarot? Is it a doctrine or merely a method? Is it a definite system or merely an alphabet by means of which any system may be con-structed? In short, is it a book containing specific teachings, or is it merely an apparatus, a machine which we may use to build anything, even a new universe.

The author believes that the Tarot may be used for both purposes, though, of course, the contents of a book that may be read either forward or backward cannot be said to be, in the ordinary sense, strictly definite. But perhaps we find in this very indefiniteness of the Tarot and in the complexity of its philosophy, the element which constitutes its definiteness. The fact that we question the Tarot as to whether it be a method or a doctrine shows the limitation of our 'three dimensional mind', which is unable to rise above the world of form and contra-positions or to free itself from thesis and antithesis! Yes, the Tarot contains and expresses any doctrine to be found in our consciousness, and in this sense it has definiteness. It represents Nature in all the richness of its infinite possibilities, and there is in it as in Nature, not one but all potential meanings. And these meanings are fluent and ever-changing, so the Tarot cannot be specifically this or that, for it ever moves and yet is ever the same.

In the following 'pen-pictures' cards are taken in pairs:—I and O; II and XXI; III and XX etc.—in each pair one card completing the sense of another and two making one.

Card I.—-The Magician.

Man. Superman. The Initiate. The Occultist. Higher consciousness. Human Logos. The kabalistic Adam Kadmon. Humanity. Homo Sapiens.

Card II.—The High Priestess.

Occultism. Esoterism. Mysticism. Theosophy.

Initiation. Isis. Mystery.

Card III.—The Empress.

Nature in its phenomenal aspect. The ever renewing and re-creating force of Nature. The objective reality.

Card IV.—The Emperor.

Tetragrammaton. The law of four. Latent energy of Nature. Logos in the full aspect with all possibilities of the new Logos. Hermetic philosophy.

Card V.—The Chariot. Man.

The Imagination. Magic. Self-suggestion. Self deceit.

Artificial means of attainment. Pseudo-occultism. Pseudo-theosophy.

Card VI.—The Lovers.

Man. Another aspect of the Adam Kadmon, the Perfect Man, The divine androgyne. Love as the efforts of Adam Kadmon to find himself. The equilibrium of contraries.

The unification of the duad, as the means of attaining the Light.

Card VII.—The Hierophant.

Mysticism. Theosophy. Esoteric side of all religions.

Card VIII.—Strength.

The Real Power. Strength of love. Strength of Union (Magic chain). Strength of the Infinite. Occultism.

Esoterism. Theosophy.

Card IX.—The Hermit.

Man. The Path to the Initiation. Seeking for truth in the right way. Inner Knowledge. Inner Light. Inner Force.

Theosophy. Occultism.

Card X.—The Wheel of Chance.

The Wheel of Life. The life ever changing and ever remaining the same. The Circle of Time and the four elements. The idea of the circle.

Card XI.—Justice.

Truth. Real Knowledge. Inner Truth. Occultism.

Esoterism. Theosophy.

Card XII.—The Hanged Man.

Man. The Pain of the higher consciousness bound by the limitations of the body and mind. Superman in the separate man.

Card XIII.—Death.

Another aspect of Life. Going away in order to come back at the same time. Completion of the circle.

Card XIV.—Temperance. (Time).

The first attainment. The Arcanum Magnum of the occultists. The Fourth Dimension. Higher space. Eternal Now.

Card XV.—The Devil.

Man. Weakness. Falsehood. The Fall of man into separateness, into hatred and into finiteness.

Card XVI. The Tower.

Sectarianism. Tower of Babel. Exoterism. Confusion of tongues. Fall of exoterism. The force of Nature re-establishing the truth distorted by men.

Card XVII.—The Star.

The real aspect of the Astral World. That which may be seen in ecstasy. The imagination of Nature. Real Knowledge. Occultism.

Card XVIII.—The Moon.

The Astral World as it is seen by the artificial means of magic. Psychic, spiritistic world. Dreads of the night. The real light from above and the false representation of that light from below. Pseudo-mysticism.

Card XIX.—The Sun.

The Symbol and manifestation of the tetragrammaton.

Creative power. Fire of life.

Card XX.—Judgment.

The resurrection. Constant victory of life over death.

Creative activity of nature in the death.

Card XXI.—World.

Nature. The World as it is. Nature in its noumenal aspect. Esoteric side of nature. That which is made known in esoterism. Inner reality of things. Human consciousness in the circle of time between the four elements.

Card 0.—The Fool.

Man. An ordinary man. A separate man. The uninitiate Lower consciousness. The end of a ray not knowing its relation to the centre.

The twenty-two cards may be divided into three divisions including each seven cards of similar meaning, the 22nd card (No 21) as a duplicate (of the No 10) standing outside the triangle or forming a point in its centre.

The three sets of sevens belong: the first one to the Man, the second to the Nature and the third to the higher knowledge or to the Theosophy in the large sense of the word.

The First set of 7.

Cards: I—Magician; O—The Fool; V—The Chariot; IX—The Hermit; VI— Lovers; XV— The Devil ;. XII—The Hanged Man.

The contents of these seven cards if taken in time picture seven degrees of the path of Man in his way to the Superman, or if taken in the Eternal Now picture seven faces of Man or seven I-s of man coexisting in him. This last meaning represents the inner sense of the secret doctrine of the Tarot in its relations to Man.

The second set of 7 (Nature) includes cards: III. — The Empress; X—Life; XIII Death; XIV—Time; XVI— The Tower; XIX—The Sun; XX—Judgement.

The third set of 7 (Theosophy) includes cards: II—The High Priestess; IV —The Emperor; VIII—Strength; VII—The Hierophant; XI—Justice; XVII—The Star; XVIII—The Moon.

I Saw the Man.

His figure reached from earth to heaven and was clad in a purple mantle. He stood deep in foliage and flowers and his head, on which was the head-band of an initiate, seemed to disappear mysteriously in infinity.

Before him on a cube-shaped altar were four symbols of magic—the sceptre, the cup, the sword and the pentacle.

His right hand pointed to heaven, his left to earth.

Under his mantle he wore a white tunic girded with a serpent swallowing its tail.

His face was luminous and serene, and, when his eyes met mine, I felt that he saw most intimate recesses of my soul. I saw myself reflected in him as in a mirror and in his eyes I seemed to look upon myself.

And I heard a voice saying:

"Look, this is the Great Magician!

With his hands he unites heaven and earth, and the four elements that form the world are controlled by him.

The four symbols before him are the four letters of the name of God, the signs of the four elements, fire, water, air, earth."

I trembled before the depth of the mysteries I touched...

The words I heard seemed to be uttered by the Great Magician himself, and it was as though he spoke in me.

I was in deep trepidation and at moments I felt there was nothing before me except the blue sky; but within me a window opened through which I could see unearthly things and hear unearthly words.

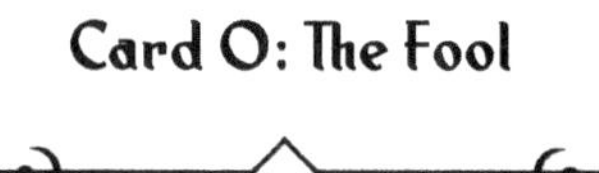

Card O: The Fool

And I saw another man.

Tired and lame he dragged himself along the dusty road, across the deserted plain under the scorching rays of the sun. He glanced sidelong with foolish, staring eyes, a half smile, half leer on his face; he knew not where he went, but was absorbed in his chimerical dreams which ran constantly in the same circle.

His fool's cap was put on wrong side front, his garments were torn in the back; a wild lynx with glowing eyes sprang upon him from behind a rock and buried her teeth in his flesh. He stumbled, nearly fell, but continued to drag himself along, all the time holding on his shoulder a bag containing useless things, which he, in his stupidity, carried wherever he went.

Before him a crevice crossed the road and a deep precipice awaited the foolish wanderer. Then a huge crocodile with open mouth crawled out of the precipice. And I heard the voice say: ”Look! This is the same man.” I felt my head whirl.

“What has he in the bag?” I inquired, not knowing why I asked. And after a long silence the voice replied: “The four magic symbols, the sceptre, the cup, the sword and the pentacle. The fool always carries them although he has long since forgotten what they mean Nevertheless they belong to him, even though he does not know their use. The symbols have not lost their power, they retain it in themselves.”

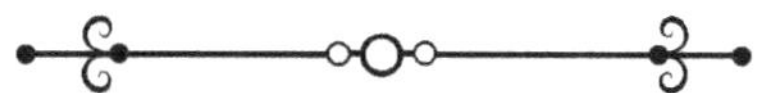

Card 2: The High Priestess

When I lifted the first veil and entered the outer court of the Temple of Initiation, I saw in half darkness the figure of a woman sitting on a high throne between two pillars of the temple, one white, and one black. Mystery emanated from her and was about her. Sacred symbols shone on her green dress; on her head was a golden tiara surmounted by a two-horned moon; on her knees she held two crossed keys and an open book. Between the two pillars behind the woman hung another veil all embroidered with green leaves and fruit of pomegranate.

And a voice said:

"To enter the Temple one must lift the second veil and pass between the two pillars. And to pass thus, one must obtain possession of the keys, read the book and understand the symbols. Are you able to do this?"

"I would like to be able", I said.

Then the woman turned her face to me and looked into my eyes without speaking. And through me passed a thrill, mysterious and penetrating like a golden wave; tones vibrated in my brain, a flame was in my heart, and I understood that she spoke to me, saying without words: "This is the Hall of Wisdom. No one can reveal it no one can hide it. Like a flower it must grow and bloom in thy soul. If thou wouldst plant the seed of this flower in thy soul — learn to discern the real from false. Listen only to the Voice that is soundless... Look only on that which is invisible, and remember that in thee thyself, is the Temple and the gate to it and the mystery, and the initiation."

An unexpected vision appeared to me. A circle not unlike a wreath woven from rainbow and lightnings, whirled from heaven to earth with a stupendous, velocity, blinding me by its brilliance. And amidst this light and fire I heard music and soft singing, thunderclaps and the roar of a tempest, the rumble of falling mountains and earthquakes.

The circle whirled with a terrifying noise, touching the sun and the earth, and, in the centre of it I saw the naked, dancing figure of a beautiful young woman, enveloped by a light, transparent scarf, in her hand she held a magic wand.

Presently the four apocalyptical beasts began to appear on the edges of the circle; one with the face of a lion, another with the face of a man, the third, of an eagle and the fourth, of a bull.

The vision disappeared as suddenly as it appeared. A weird silence fell on me. "What does it mean?" I asked in wonder.

"It is the image of the world," the voice said, "but it can be understood only after the Temple has been entered. This is a vision of the world in the circle of Time, amidst the four principles. But thou seest differently because thou seest the world outside thyself. Learn to see it in thyself and thou wilt understand the infinite essence, hidden in all illusory forms.

Understand that the world which thou knowest is only one of the aspects of the infinite world, and things and phenomena are merely hieroglyphics of deeper ideas."

Card 3: The Empress

I felt the breath of the spring, and accompanying the fragrance of violets and lilies-of-the-valley I heard the tender singing of elves. Rivulets murmured, the tree-tops rustled, the grasses whispered, innumerable birds sang in choruses and bees hummed; everywhere I felt the breathing of joyful, living Nature.

The sun shone tenderly and softly and a little white cloud hung over the woods.

In the midst of a green meadow where primroses bloomed, I saw the Empress seated on a throne covered with ivy and lilacs. A green wreath adorned her golden hair and, above her head, shone twelve stars. Behind her rose two snowy wings and in her hands she held a sceptre.

All around, beneath the sweet smile of the Empress, flowers and buds opened their dewy, green leaves. Her whole dress was covered with them as though each newly opened flower were reflected in it or had engraved itself thereon and thus become part of her garment.

The sign of Venus, the goddess of love, was chiselled on her marble throne.

"Queen of life," I said, "why is it so bright and joyful all about you? Do you not know of the grey weary autumn, of the cold, white winter? Do you not know of death and graveyards with black graves, damp and cold? How can you smile so joyfully on the opening flowers, when everything is destined to death, even that which has not yet been born?"

For answer the Empress looked on me still smiling and, under the influence of that smile, I suddenly felt a flower of some clear understanding open in my heart.

I saw an ice plain, and on the horizon, a chain of snowy mountains. A cloud appeared and began to grow until it covered a quarter of the sky. Two fiery wings suddenly expanded in the cloud, and I knew that I beheld the messenger of the Empress.

He raised a trumpet and blew through it vibrant, powerful tones. The plain quivered in response to him and the mountains loudly rolled their echoes. One after another, graves opened in the plain and out of them came men and women, old and young, and children. They stretched out their arms toward the Messenger of the Empress to catch the sounds of his trumpet.

And in its tones I felt the smile of the Empress and in the opening graves I saw the opening flowers whose fragrance seemed to be wafted by the outstretched arms.

Then I understood the mystery of birth in death.

After I learned the first three numbers I was given to understand the Great Law of Four—the alpha and omega of all.

I saw the Emperor on a lofty stone throne, ornamented by four rams' heads. On his forehead shone a golden helmet. His white beard fell over a purple mantle. In one hand he held a sphere, the symbol of his possession, and in the other, a sceptre in the form of an Egyptian cross—the sign of his power over birth.

"I am The Great Law," the Emperor said. "I am the name of God. The four letters of his name are in me and I am in all.

"I am in the four principles. I am in the four elements I am in the four seasons. I am in the four cardinal points I am in the four signs of the Tarot.

"I am the beginning; I am action; I am completion I am the result.

"For him who knows how to see me there are no mysteries on earth.

"I am the great Pentacle.

"As the earth encloses in itself fire, water and air; as the fourth letter of the Name encloses in itself the first three and becomes itself the first, so my sceptre encloses the complete triangle and bears in itself the seed of a new triangle.

"I am the Logos in the full aspect and the beginning of a new Logos."

And while the Emperor spoke, his helmet shone brighter and brighter, and his golden armour gleamed beneath his mantle. I could not bear his glory and I lowered my eyes.

When I tried to lift them again a vivid light of radiant fire was before me, and I prostrated myself and made obeisance to the Fiery Word.

As soon as I perceived the Sun, I understood that It, Itself, is the expression of the Fiery Word and the sign of the Emperor.

The great luminary shone with an intense heat upon the large golden heads of sun-flowers.

And I saw a naked boy, whose head was wreathed with roses, galloping on a white horse and waving a bright-red banner.

I shut my eyes for a moment and when I opened them again I saw that each ray of the Sun is the sceptre of the Emperor and bears life. And I saw how under the concentration of these rays the mystic flowers of the waters open and receive the rays into themselves and how all Nature is constantly born from the union of two principles.

I saw a chariot drawn by two sphinxes, one white. the other black. Four pillars supported a blue canopy, on which were scattered five-pointed stars. The Conqueror, clad in steel armour, stood under this canopy guiding the sphinxes. He held a sceptre, on the end of which were a globe, a triangle and a square. A golden pentagram sparkled in his crown. On the front of the chariot there was represented a winged sphere and beneath that the symbol of the mystical lingam, signifying the union of two principles.

"Everything in this picture has a significance. Look and try to understand", said the voice.

"This is Will armed with Knowledge. We see here, however, the wish to achieve, rather than achievement itself. The man in the chariot thought himself a conqueror before he had really conquered, and he believes that victory must come to the conqueror. There are true possibilities in this beautiful conception, but also many false ones. Illusory fires and numerous dangers are hidden here.

"He controls the sphinxes by the power of a magic word, but the tension of his Will may fail and then the magic word will lose its power and he may be devoured by the sphinxes.

"This is indeed the Conqueror, but only for the moment; he has not yet conquered Time, and the succeeding moment is unknown to him.

"This is the Conqueror, not by love, but by fire and the sword,—a conqueror against whom the conquered may arise. Do you see behind him the towers of the conquered city? Perhaps the flame of uprising burns already there.

"And he is unaware that the city vanquished by means of fire and the sword is the city within his own consciousness, that the magic chariot is in himself and that the blood-thirsty sphynxes, also a state of consciousness within, watch his every movement. He has externalized all these phases of his mind and sees them only outside himself. This is his fundamental error. He entered the outer court of the Temple of knowledge, but thinks he has been in the Temple itself. He regarded the rituals of the first tests as initiation, and he mistook for the goddess, the priestess who guarded the threshold. Because of this misconception great perils await him.

"Nevertheless it may be that even in his errors and perils the Great Conception lies concealed. He seeks to know and, perhaps, in order to attain, mistakes, dangers and even failures are necessary.

"Understand that this is the same man whom you saw uniting Heaven and Earth, and again walking across a hot desert to a precipice."

Card 18: The Moon

A desolate plain stretched before me. A full moon looked down as if in contemplative hesitation. Under her wavering light the shadows lived their own peculiar life.

On the horizon I saw blue hills, and over them wound a path which stretched between two grey towers far away into the distance. On either side the path a wolf and dog sat and howled at the moon. I remembered that dogs believe in thieves and ghosts. A large black crab crawled out of the rivulet into the sands. A heavy, cold dew was falling.

Dread fell upon me. I sensed the presence of a mysterious world, a world of hostile spirits, of corpses rising from graves, of wailing ghosts. In this pale moonlight I seemed to feel the presence of apparitions; someone watched me from behind the towers, and I knew it was dangerous to look back.

I saw a blooming garden in a green valley, surrounded by soft blue hills.

In the garden I saw a Man and a Woman naked and beautiful. They loved each other and their Love was their service to the Great Conception, a prayer and a sacrifice; through It they communed with God, through It they received the highest revelations; in Its light the deepest truths came to them; the magic world opened its gate; elves, undines, sylphs and gnomes came openly to them; the three kingdoms of nature, the mineral, plant and animal, and the four elements—fire, water, air and earth—served them.

Through their Love they saw the mystery of the world's equilibrium, and that they themselves were a symbol and expression of this balance. Two triangles united in them into a six-pointed star. Two magnets melted into an ellipsis. They were two. The third was the Unknown Future. The three made One.

I saw the woman looking out upon the world as though enraptured with its beauty. And from the tree on which ripened golden fruit I saw a serpent creep.

It whispered in the woman's ear, and I saw her listening, smiling at first suspiciously, then with curiosity which merged into joy. Then I saw her speak to the man. I noticed that he seemed to admire only her and smiled with an expression of joy and sympathy at all she told him.

"This picture you see, is a picture of temptation and fall", said the voice. "What constitutes the Fall? Do you understand its nature?"

"Life is so good", I said, "and the world so beautiful, and this man and woman wanted to believe in the reality of the world and of themselves. They wanted to forget service and take from the world what it can give. So they made a distinction between themselves and the world.

"They said, 'We are here, the world is there.' And the world separated from them and became hostile."

"Yes", said the Voice, this is true. "The everlasting mistake with men is that they see the fall in love. But Love is not a fall, it is a soaring above an abyss. And the higher the flight, the more beautiful and alluring appears the earth. But that wisdom, which crawls on earth, advises belief in the earth and in the present. This is the Temptation. And the man and woman yielded to it. They dropped from the eternal realms and submitted to time and death. The balance was disturbed. The fairyland was closed upon them. The elves, undines, sylphs and gnomes became invisible.

"The Face of God ceased to reveal Itself to them, and all things appeared upside down.

"This Fall, this first sin of man, repeats itself perpetually, because man continues to believe in his separateness and in the Present. And only by means of great suffering can he liberate himself from the control of time and return to Eternity—leave darkness and return to Light."

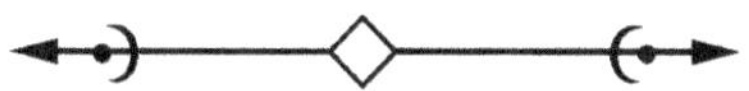

A strange emotion seized me. A fiery trembling ran in waves through all my body. My heart quickened its beating, tumult agitated my mind.

I felt that I was surrounded by portentous mysteries.

And presently shafts of Light penetrated my being and illuminated many things before in darkness, whose existence even I had never suspected. Veils vanished of which I had been before unaware. Voices spoke to me.

And suddenly all my former knowledge took a new and different meaning.

I discovered unexpected correlations in things which hitherto I had thought foreign to each other. Objects distant and different from one another appeared near and similar. The facts of the world arranged themselves before my eyes according to a new pattern.

In the sky there appeared an enormous star surrounded by seven smaller stars. Their rays intermingled, filling space with immeasurable radiance and splendour. Then I knew I saw that Heaven of which Plotinus speaks: "Where... all things are diaphanous; and nothing is dark and resisting, but everything is apparent to everyone internally and throughout. For light everywhere meets with light, since everything contains all things in itself, and again sees all things in another. So that all things are everywhere, and all is all. Each thing likewise is everything. And the splendour there is infinite. For everything there is great, since even that which is small is great.

"The sun too, which is there, is all the stars; and again each star is the sun and all the stars. In each however, a different property predominates, but at the same time all things are visible in each. Motion likewise there is pure; for motion is not confounded by a mover different from it. Permanency also suffers no change of its nature, because it is not mingled with the unstable. And the beautiful there is beautiful, because it does not subsist in beauty. Each thing, too, is there established, not as in a foreign land, but the seat of each thing is that which each thing is.

".... Nor is the thing itself different from the place in which it subsists. For the subject of it is intellect, and it is itself intellect. ... In this sensible region, therefore, one part is not produced by another, but each part is alone a part. But there each part always proceeds from the whole, and is at the same each time part and the whole. For it appears indeed as a part; but by him whose sight is acute, it will be seen as a whole.

"Where... is likewise no weariness of the vision which is there, not any plenitude of perception which can bring intuition to an end.

"For neither was there any vacuity which when filled might cause the visible energy to cease; nor is this one thing, but that another, so as to occasion a part of one thing not to be amicable with that of another.

"Where... the life is wisdom; a wisdom not obtained by a reasoning process, because the whole of it always was, and is not in any respect deficient, so as to be in want of investigation. But it is the first wisdom, and is not derived from another."

I understood that all the radiance here is thought; and the changing colours are emotions. And each ray, if we look into it, turns into images, symbols, voices and moods. And I saw that there is nothing inanimate, but all is soul, all is life, all is emotion and imagination. And beneath the radiant stars beside the blue river I saw a naked maiden, young and beautiful. She stooped on one knee and poured water from two vessels, one of gold and one of silver. A little bird in a near by bush lifted its wings and was poised ready to fly away.

For a moment I understood that I beheld the Soul of Nature.

"This is Nature's Imagination", said the voice gently. "Nature dreams, improvises, creates worlds. Learn to unite your imagination with Her Imagination and nothing will ever be impossible for you. Lose the external world and seek it in yourself. Then you will find Light. "But remember, unless you have lost the Earth, you will not find Heaven. It is impossible to see both wrongly and rightly at the same time."

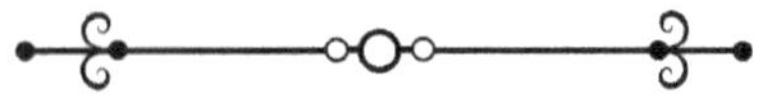

I saw the great Master in the Temple. He was sitting on a golden throne set upon a purple platform, and he wore the robe of a high priest with a golden tiara. He held a golden eight-pointed cross, and lying at his feet were two crossed keys. Two initiates bowed before him and to them he spoke:

"Seek the Path, do not seek attainment. Seek for the Path within yourself.

"Do not expect to hear the truth from others, nor to see it, or read it in books. Look for the truth in yourself, not without yourself.

"Aspire only after the impossible and inaccessible.

"Expect only that which shall not be.

"Do not hope for Me, do not look for Me, do not believe, that I am outside yourself.

"Within your soul build a lofty tower by which you may ascend to Heaven. Do not believe in external miracles, expect miracles only within you. Beware of believing in a mystery of the earth, in a mystery guarded by men; for treasuries which must be guarded are empty. Do not search for a mystery that can be hidden by men. Seek the Mystery within yourself.

"Above all, avoid those towers built in order to preserve the mysteries and to make an ascent to Heaven by stone stairways. And remember that as soon as men build such a tower they begin to dispute about the summit.

"The Path is in yourself, and Truth is in yourself and Mystery is in yourself.

Card 16: The Tower

I saw a lofty tower extending from earth to heaven; its golden crowned summit reached beyond the clouds.

All round it black night reigned and thunder rumbled.

Suddenly the heavens opened, a thunder-clap shook the whole earth, and lightning struck the summit of the tower and felled the golden crown. A tongue of fire shot from heaven and the whole tower became filled with fire and smoke. Then I beheld the builders of the tower fall headlong to the ground.

And the voice said: "The building of the tower was begun by the disciples of the great Master in order to have a constant reminder of the Master's teaching that the true tower must be built in one's own soul, that in the tower built by hands there can be no mysteries, that no one can ascend to Heaven by treading stone steps.

"The tower should warn the people not to believe in it.

"It should serve as a reminder of the inner Temple and as a protection against the outer; it should be as a lighthouse, in a dangerous place where men have often been wrecked and where ships should not go.

"But by and by the disciples forgot the true covenant of the Master and what the tower symbolized, and began to believe in the tower of stone, they had built, and to teach others to so believe. They began to say that in this tower there is power, mystery and the spirit of the Master, that the tower itself is holy and that it is built for the coming Master according to His covenant and His will. And so they waited in the tower for the Master.

"Others did not believe this, or interpreted it differently.

"Then began disputes about the rights of the summit.

"Quarrels started, 'Our Master, your Master,' was said; 'our tower, your tower.' And the disciples ceased to understand each other. Their tongues had become confused.

"You understand the meaning here? They had begun to think that this is the tower of the Master, that He builds it through them, and that it must and, indeed, can be built right up to Heaven.

"And you see how Heaven responded?"

Card 8: Power

In the midst of a green plain, surrounded by blue hills, I saw a woman with a lion. Girdled with wreaths of roses, a symbol of infinity over her head, the woman calmly and confidently covered the lion's mouth and the lion obediently licked her hand.

"This is a picture of power", said the voice. "It has different meanings. First it shows the power of love. Love alone can conquer wrath. Hatred feeds hatred. Remember what Zarathustra said: 'Let man be freed from vengeance; this is a bridge for me which leads to higher hope and a rainbow in heaven after long storms.'

"Then it shows power of unity. These wreaths of roses suggest a magic chain. Unity of desires, unity of aspirations creates such power that every wild, uncontrolled, unconscious force is subdued. Even two desires, if united, are able to conquer almost the whole world.

"The picture also shows the power of infinity, that sphere of mysteries. For a consciousness that perceives the symbol of infinity above it, knows no obstacles and cannot be withstood."

Black, awful night enveloped the earth. An ominous, red flame burned in the distance. I was approaching a fantastic figure which outlined itself before me as I came nearer to it. High above the earth appeared the repulsive red face of the Devil, with large, hairy ears, pointed beard and curved goats' horns. A pentagram, pointing downwards, shone in phosphoric light between the horns on his forehead. Two large, grey, bat-like wings were spread behind him. He held up one arm, spreading out his bare, fat hand. In the palm I saw the sign of black magic. A burning torch held down-end in his other hand emitted black, stifling smoke. He sat on a large, black cube, gripping it with the claws of his beast-like, shaggy legs.

A man and woman were chained to the cube—the same Man and Woman I saw in the garden, but now they had horns and tails tipped with flame. And they were evidently dissatisfied in spirit, and were filled with protest and repulsion.

"This is a picture of weakness", said the voice, "a picture of falsehood and evil. They are the same man and woman you saw in the garden, but their love ceasing to be a sacrifice, became an illusion. This man and woman forgot that their love is a link in the chain that unites them with eternity, that their love is a symbol of equilibrium and a road to Infinity.

"They forgot that It is a key to the gate of the magic world, the torch which lights the higher Path. They forgot that Love is real and immortal and they subjugated it to the unreal and temporary. And they each made love a tool for submitting the other to himself.

"Then love became dissension and fettered them with iron chains to the black cube of matter, on which sits deceit."

And I heard the voice of the Devil: "I am Evil", he said, "at least so far as Evil can exist in this best of worlds. In order to see me, one must be able to see unfairly, incorrectly and narrowly. I close the triangle, the other two sides of which are Death and Time. In order to quit this triangle it is necessary to see that it does not exist.

"But how to do this is not for me to tell. For I am the Evil which men say is the cause of all evil and which they invented as an excuse for all the evil that they do.

"They call me the Prince of Falsehood, and truly I am the prince of lies, because I am the most monstrous production of human lies."

After long wanderings over a sandy, waterless desert where only serpents lived, I met the Hermit.

He was wrapped in a long cloak, a hood thrown over his head. He held a long staff in one hand and in the other a lighted lantern, though it was broad daylight and the sun was shining.

"The lantern of Hermes Trismegistus", said the voice, "this is higher knowledge, that inner knowledge which illuminates in a new way even what appears to be already clearly known. This lantern lights up the past, the present and the future for the Hermit, and opens the souls of people and the most intimate recesses of their hearts.

"The cloak of Apollonius is the faculty of the wise man by which he isolates himself, even amidst a noisy crowd; it is his skill in hiding his mysteries, even while expressing them, his capacity for silence and his power to act in stillness.

"The staff of the patriarchs is his inner authority, his power, his self-confidence.

"The lantern, the cloak and the staff are the three symbols of initiation. They are needed to guide souls past the temptation of illusory fires by the roadside, so that they may go straight to the higher goal. He who receives these three symbols or aspires to obtain them, strives to enrich himself with all he can acquire, not for himself, but, like God, to delight in the joy of giving.

"The giving virtue is the basis of an initiate's life.

"His soul is transformed into a spoiler of all treasures" so said Zarathustra.

"Initiation unites the human mind with the higher mind by a chain of analogies. This chain is the ladder leading to heaven, dreamed of by the patriarch."

An angel in a white robe, touching earth and heaven, appeared. His wings were flame and a radiance of gold was about his head. On his breast he wore the sacred sign of the book of the Tarot—a triangle within a square, a point within the triangle; on his forehead the symbol of life and eternity, the circle.

In one hand was a cup of silver, in the other a cup of gold and there flowed between these cups a constant, glistening stream of every colour of the rainbow. But I could not tell from which cup nor into which cup the stream flowed.

In great awe I understood that I was near the ultimate mysteries from which there is no return. I looked upon the angel, upon his symbols, his cups, the rainbow stream between the cups,—and my human heart trembled with fear and my human mind shrank with anguish and lack of understanding.

"Yes", said the voice, "this is a mystery that is revealed at Initiation. 'Initiation' is simply the revealing of this mystery in the soul. The Hermit receives the lantern, the cloak and the staff so that he can bear the light of this mystery.

"But you probably came here unprepared. Look then and listen and try to understand, for now understanding is your only salvation. He who approaches the mystery without complete comprehension will be lost.

"The name of the angel is Time. The circle on his forehead is the symbol of eternity and life. Each life is a circle which returns to the same point where it began. Death is the return to birth. And from one point to another on the circumference of a circle the distance is always the same, and the further it is from one point the nearer it will be to the other.

"Eternity is a serpent, pursuing its tail, never catching it.

"One of the cups the angel holds is the past, the other is the future. The rainbow stream between the cups is the present. You see that it flows both ways.

"This is Time in its most incomprehensible aspect.

"Men think that all flows constantly in one direction.

"They do not see that everything perpetually meets and that Time is a multitude of turning circles. Understand this mystery and learn to discern the contrary currents in the rainbow stream of the present.

"The symbol of the sacred book of the Tarot on the angel's breast is the symbol of the correlation of God, Man and the Universe.

"The triangle is God, the world of spirit, the world of ideas. The point within the triangle is the soul of man.

"The square is the visible world.

"The consciousness of man is the spark of divinity a point within the triangle of spirit. Therefore the whole square of the visible universe is equal to the point within the triangle.

"The world of spirit is the triangle of the twenty-one signs of the Tarot. The square represents fire, air, water and earth, and thus symbolises the world.

"All this, in the form of the four symbols, is in the bag of the Fool, who himself is a point in a triangle. Therefore a point without dimension contains an infinite square."

I walked along, absorbed in deep thought, trying to understand the vision of the Angel. And suddenly, as I lifted my head, I saw midway in the sky a huge, revolving circle covered with Kabalistic letters and symbols. The circle turned with terrible velocity, and around it, falling down and flying up, symbolic figures of the serpent and the dog revolved; above it sat an immovable sphinx.

In clouds, on the four quarters of heaven, I saw the four apocalyptical beings, one with the face of a lion, another with the face of a bull, the third with a face of an eagle, and the fourth with the face of a bull. And each of them read an open book.

And I heard the voices of Zarathustra's beasts: "All go, all return, the wheel of life ever turns. All die, all flourish again, the year of existence runs eternally.

"All perish, all live again, the same house of existence is I ever building. All separate, all meet again, the ring of existence is ever true to itself.

"Existence begins at every moment. Round each 'here' rolls 'there'.

"The middle is everywhere. The way of eternity is a curve."

Fatigued by the flashing of the Wheel of Life, I sank to earth and shut my eyes. But it seemed to me that the Wheel kept turning before me and that the four creatures continued sitting in the clouds and reading their books.

Suddenly, on opening my eyes, I saw a gigantic rider on a white horse, dressed in black armour, with a black helmet and black plume. A skeleton's face looked out from under the helmet. One bony hand held a large, black, slowly-waving banner, and the other held a black bridle ornamented with skulls and bones.

And, wherever the white horse passed, night and death followed; flowers withered, leaves drooped, the earth covered itself with a white shroud; graveyards appeared; towers, castles and cities were destroyed.

Kings in the full splendour of their fame and their power; beautiful women loved and loving; high priests invested by power from God; innocent children — when they saw the white horse all fell on their knees before him, stretched out their hands in terror and despair, and fell down to rise no more.

Afar, behind two towers, the sun sank. A deadly cold enveloped me. The heavy hoofs of the horse seemed to step on my breast, and I felt the world sink into an abyss.

But all at once something familiar, but faintly seen and heard, seemed to come from the measured step of the horse. A moment more and I heard in his steps the movement of the Wheel of Life!

An illumination entered me, and, looking at the receding rider and the descending sun, I understood that the Path of Life consists of the steps of the horse of Death.

The sun sinks at one point and rises at another. Each moment of its motion is a descent at one point and an ascent at another. I understood that it rises while sinking and sinks while rising, and that life, in coming to birth, dies, and in dying, comes to birth.

"Yes," said the voice. "The sun does not think of its going down and coming up. What does it know of earth, of the going and coming observed by men? It goes its own way, over its own orbit, round an unknown Centre. Life, death, rising and falling— do you not know that all these things are thoughts and dreams and fears of the Fool?"

Card 11: Justice

When I possessed the keys, read the book and understood the symbols, I was permitted to lift the curtain of the Temple and enter its inner sanctum. And there I beheld a Woman with a crown of gold and a purple mantle. She held a sword in one hand and scales in the other. I trembled with awe at her appearance, which was deep and mysterious, and drew me like an abyss.

"You see Truth", said the voice. "on these scales everything is weighed. This sword is always raised to guard justice, and nothing can escape it.

"But why do you avert your eyes from the scales and the sword? They will remove the last illusions. How could you live on earth without these illusions?

"You wished to see Truth and now you behold it! But remember what happens to the mortal who beholds a Goddess!"

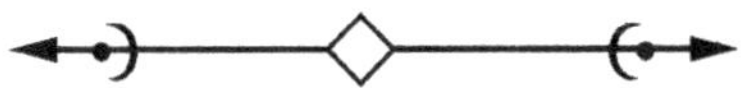

And then I saw a man in terrible suffering, hung by one leg, head downward, to a high tree. And I heard the voice:

"Look! This is a man who saw Truth. Suffering awaits the man on earth, who finds the way to eternity and to the understanding of the Endless.

"He is still a man, but he already knows much of what is inaccessible even to Gods. And the incommensurableness of the small and the great in his soul constitutes his pain and his golgotha.

“In his own soul appears the gallows on which he hangs in suffering, feeling that he is indeed inverted.

“He chose this way himself.

“For this he went over a long road from trial to trial, from initiation to initiation, through failures and falls.

“And now he has found Truth and knows himself.

“He knows that it is he who stands before an altar with magic symbols, and reaches from earth to heaven; that he also walks on a dusty road under a scorching sun to a precipice where a crocodile awaits him; that he dwells with his mate in paradise under the shadow of a blessing genius; that he is chained to a black cube under the shadow of deceit; that he stands as a victor for a moment in an illusionary chariot drawn by sphinxes; and that with a lantern in bright sunshine, he seeks for Truth in a desert.

“Now he has found Her.”

Anhang

Buchempfehlungen

Aphorismen-Bücher:

aphorismen.spireo.de

Tod - das Ende ist ein Anfang. Zitate und Aphorismen, zusammengestellt von Henrik Geyer

Über Tod und Leben, Verzweiflung, Hoffnung, Ende und Anfang, einen Neubeginn, Trauer, Liebe, Schmerz, Furcht, Kraft der Gedanken, Befreiung, Trost

Tod - Das Ende ist ein Anfang. 500 Aphorismen und Zitate bekannter Philosophen, Schriftsteller und Staatsleute, zusammengestellt von Henrik Geyer.

erhältlich bei Amazon

Amazon Printausgabe, ISBN: 978-3-95932-113-6, Preis: 7,99 €

Kindle Ebook, ISBN: 978-3-95932-112-9, Preis: 2,99 €

Liebe, die Naturgewalt, zusammengestellt von Henrik Geyer

Über Liebe und Schmerz, Leidenschaft und Enttäuschung, Mädchen, Frauen und Männer, über Herz und Seele, Sehnsucht und Erfüllung

Liebe, die Naturgewalt. 500 Aphorismen und Zitate bekannter Philosophen, Schriftsteller und Staatsleute, zusammengestellt von Henrik Geyer.

<u>erhältlich bei Amazon</u>

Amazon Printausgabe, ISBN: 978-3-95932-118-1, Preis: 7,99 €

Kindle Ebook, ISBN: 978-3-95932-119-8, Preis: 2,99 €

Bildnachweis

Datei: #50355383 | Urheber: INFINITY, www.Fotolia.de